DIE JAHRESZEIT DER STILLE

Den Winter als Metapher für das Leben betrachten

Avis C. Taylor

HINGABE

An die stillen Seelen, die Schönheit in der Stille finden,

An diejenigen, die ihre eigenen Stürme mit Anmut und Widerstandskraft überstanden haben und deren Stärke in den dunkelsten Jahreszeiten ein stilles Licht für andere war. Dieses Buch ist Ihnen gewidmet – denjenigen, die mir beigebracht haben, dass der Winter keine Zeit der Niederlage, sondern eine Einladung zur Transformation ist.

An meine Familie, deren Liebe und Geduld in jedem Sturm ein unerschütterlicher Anker waren. Ihre Anwesenheit hat mich daran erinnert, dass Wärme immer in Verbindung zu finden ist, egal wie kalt die Welt auch sein mag.

An meine Freunde, deren Mut, offen über ihre eigenen Winter zu sprechen, mir die Erlaubnis gegeben hat, meine eigenen anzunehmen. Sie haben mir gezeigt, dass Verletzlichkeit keine Schwäche, sondern ein wirksames Werkzeug für Heilung und Wachstum ist.

Zu den stillen Momenten der Besinnung und der Stille der Natur, die meine größten Lehrer waren. In der Stille habe ich gelernt, zuzuhören – auf mich selbst, auf andere und auf die Welt um mich herum.

Und schließlich möchte ich mich an alle Leser wenden, die diese Seiten in die Hand nehmen und bereit sind, durch ihre eigenen Wintersaisonen zu reisen. Mögen Sie Trost, Mut und Hoffnung finden in dem Wissen, dass jeder Winter ein Geschenk ist – eine Gelegenheit zur Ruhe, zum Nachdenken und schließlich zur Erneuerung.

Dies ist für alle, die die Kälte überstehen und wissen, dass der Frühling kommen wird.

INHALT

HINGABE 3

INHALT 4

VORWORT 7

EINFÜHRUNG 9

Die Weisheit des Winters 9

KAPITEL 1 15

Der Ruf zum Winter 15

   Die subtilen Zeichen einer Wintersaison.................16

   Der Mut zum Zurücksetzen 20

   So starten Sie einen Reset 21

KAPITEL 2 23

Die Kälte umarmen...23

   Unbehagen mit Gnade begegnen.............................23

   Schönheit in der kahlen Landschaft finden 26

KAPITEL 3 31

Die Kraft der Stille 31

   Die Kunst, ohne Schuldgefühle zu ruhen 31

KAPITEL 4 39

Winterschlaf für die Seele 39

   Priorisierung der Einsamkeit 39

   Das Geschenk des Alleinseins.................................40

   Schaffen Sie Ihr persönliches Winterparadies.........43

KAPITEL 5 47

Lehren aus der Natur 47

   Sich an Veränderungen anpassen wie die Tierwelt im Winter.......47

Die Zyklen von Wachstum und Ruhe 51

KAPITEL 6 55

Ernährung im Winter 55

Sich um emotionale und körperliche Bedürfnisse kümmern 55

Den Geist, den Körper und die Seele nähren 58

KAPITEL 7 63

Gemeinschaft in der Kälte 63

Die Bedeutung der Verbindung in schwierigen Zeiten 63

Winterrituale, die Bindungen stärken 65

KAPITEL 8 75

Kreativität im Winter geboren 75

Wie Stille Inspiration fördert 75

Basteln durch die dunklen Monate 78

KAPITEL 9 83

Licht in der Dunkelheit finden 83

Dankbarkeit inmitten von Widrigkeiten 83

Hoffnung im tiefsten Winter entdecken 86

KAPITEL 10 91

Das Tauwetter 91

Vorbereitung auf die Erneuerung im Frühling 91

Die Lektionen des Winters weitertragen 94

Reflexionen und Praktiken 99

Journaling-Eingabeaufforderungen für die Winter des Lebens......99

Praktische Übungen zum achtsamen Überwintern 107

Abschluss 111

Wintergeschenke 111

Schwierige Zeiten als Chancen neu definieren 111

Die Lebenszyklen mit Resilienz umarmen 113
Danksagungen 117

VORWORT

Der Winter hat etwas von Natur aus Magisches. Die Stille, die sich einstellt, die Stille, die sich wie eine dicke Decke um die Welt legt und uns dazu drängt, langsamer zu werden, innezuhalten. Es ist leicht, den Winter als eine Zeit der Not zu sehen – Kälte, Dunkelheit und Isolation –, aber in Wahrheit ist er auch eine Zeit tiefer Besinnung, Wachstum und unerwarteter Schönheit. Wenn wir uns erlauben, die Stille zu umarmen und mit dem Unbehagen zu sitzen, entdecken wir etwas Transformierendes: einen Raum für Erneuerung, eine Chance, Klarheit zu finden und die Möglichkeit, aus den Tiefen der Stille etwas Neues zu erschaffen.

Dieses Buch ist aus genau diesem Geist entstanden – der Idee, dass, so wie die Natur die Jahreszeiten durchläuft, auch wir unsere Winter durchstehen müssen. Die Winter des Lebens sind weder zu fürchten noch zu meiden. Es sind Zeiten der Transformation, Zeiten, die Geduld und Glauben erfordern, aber auch Wachstum und Verständnis versprechen. Ähnlich wie die Erde im Winter fühlen wir uns vielleicht untätig oder unsicher, aber unter der Oberfläche entwickeln wir uns ständig weiter und bereiten uns auf das Kommende vor.

Auf diesen Seiten finden Sie nicht nur Überlegungen zur Kälte, sondern auch Praktiken, die Ihnen helfen, die Jahreszeiten Ihres Lebens mit Anmut und Widerstandskraft zu meistern. Sie werden eingeladen, mit Ihren Ängsten, Zweifeln und Hoffnungen zusammenzusitzen, nicht als Lasten, sondern als Lehrer. Sie lernen, wie Sie in einer Welt, die nie aufhört, in Bewegung zu bleiben, Stille kultivieren, wie Sie Kontakte knüpfen, wenn Sie sich allein fühlen, und wie Sie auch in den dunkelsten Monaten das Licht entdecken.

Dies ist nicht nur ein Buch über das Überleben im Winter – es ist ein Leitfaden, wie man den Winter übersteht. Es geht darum zu verstehen, dass jede Jahreszeit, selbst die kälteste und härteste, Geschenke in sich birgt, die uns verändern können. Dies sind Geschenke, die

Klarheit, Kreativität, Verbindung und Hoffnung bringen können. Der Winter ist kein Ende, sondern ein Anfang, eine Zeit, um sich auf das Wachstum vorzubereiten, das der Frühling unweigerlich mit sich bringen wird.

Egal, ob Sie sich mitten in einem persönlichen Winter befinden, vor Herausforderungen stehen, die sich überwältigend anfühlen, oder einfach nur nach einer Möglichkeit suchen, angesichts der unvermeidlichen Höhen und Tiefen des Lebens Ihre Widerstandsfähigkeit zu stärken, seien Sie sich darüber im Klaren, dass Sie nicht allein sind. Die Zyklen der Natur sind immer bei uns, leiten uns und lehren uns, sowohl die Kälte als auch die Wärme, die Dunkelheit und das Licht zu umarmen. Im Winter gibt es immer etwas zu lernen, immer etwas zu entdecken.

Dieses Buch ist eine Einladung zur Entschleunigung, zum Nachdenken und zur Schaffung von Raum für Transformation. Der Winter mag kalt sein, aber er ist auch voller Versprechen. Bist du bereit, es anzunehmen?

Lass diese Reise beginnen.

EINFÜHRUNG

Die Weisheit des Winters

Es war der Januar, nachdem meine Welt zusammengebrochen war. Die Feiertage waren vergangen, und ihr Glitzern und Lärm konnte den Schmerz in mir nicht überdecken. Meine Morgen waren von einer vertrauten Schwere geprägt – einem Gewicht, das auf meine Brust zu drücken schien, bevor ich überhaupt die Augen öffnete. Vor meinem Fenster war die Landschaft in gedämpften Weiß- und Grautönen gemalt. Die Bäume standen kahl und brüchig da und ihre Äste kratzten in den Himmel, der ständig bewölkt schien.

Ich hatte meinen Job zwei Monate zuvor verloren. Es war jedoch nicht nur ein Job – es war ein Teil meiner Identität. Die Arbeit hatte meinem Leben Struktur, Sinn und Zugehörigkeitsgefühl gegeben. Ohne sie fühlte ich mich entfesselt, wie ein Ballon, der sich immer weiter von der Erde entfernt. Darüber hinaus war meine engste Freundin um die halbe Welt gezogen, und mir war nicht bewusst geworden, wie sehr ich mich auf sie stützte, bis sie weg war. Ich war in jeder Hinsicht allein, zumindest fühlte es sich so an.

Ich versuchte, dem Sog des Winters zu widerstehen. Ich sagte mir, ich müsse „da rauskommen", einen neuen Job finden, meinen Kalender füllen, beschäftigt bleiben. Ich blätterte endlos durch die Stellenangebote und meine Augen wurden glasig, als die Wörter verschwimmten. Ich meldete mich für Kurse an, besuchte Networking-Veranstaltungen und zwang mich, bei Kaffee-Dates mit Bekannten zu lächeln. Aber egal wie sehr ich versuchte, ihm zu entkommen, der Winter in mir blieb bestehen.

Eines Morgens, nach einer weiteren schlaflosen Nacht, gab ich auf. Ich hörte auf, so zu tun, als ob es mir gut ginge. Ich schaltete mein Telefon aus, zog meinen dicksten Mantel an und ging spazieren. Die Luft war scharf und bitter und brannte in meinem Gesicht, als ich in den Wald in der Nähe meines Hauses trat. Die Welt war unheimlich still, bis auf das Knirschen meiner Stiefel auf dem gefrorenen Boden.

Zum ersten Mal seit Monaten ließ ich das volle Gewicht meiner Traurigkeit spüren. Tränen liefen mir auf die Wangen, heiß gegen die kalte Luft, als ich auf einen umgestürzten Baumstamm sank. Mir ging es nicht gut, und das musste auch nicht sein.

Als ich dort saß, geschah etwas Unerwartetes. Mir fiel auf, wie still alles war – die Art von Stille, die man nur im Winter finden kann. Die Bäume waren nicht tot; Sie ruhten sich aus und sammelten ihre Energie für den Frühling. Der Fluss war nicht verschwunden; es war einfach gefroren und wartete darauf, dass die Sonne zurückkehrte. Die Welt befand sich nicht in einer Krise; es hielt inne und sammelte Kraft.

Diese Erkenntnis überkam mich wie eine warme Decke. Was wäre, wenn ich mir erlauben könnte, dasselbe zu tun? Was wäre, wenn ich in dieser Phase meines Lebens aufhören könnte, zu kämpfen und einfach darin existieren könnte? Ich beschloss sofort, die Stille anzunehmen, keine Lösungen mehr zu erzwingen und darauf zu vertrauen, dass dieser Winter – sowohl der äußere als auch der innere Winter – mir etwas beibringen konnte.

Die folgenden Wochen waren ruhig, aber transformativ. Ich erlaubte mir, mich auszuruhen. Ich schrieb morgens Tagebuch und ließ meine Gedanken ohne Urteil auf die Seite fließen. Ich verbrachte lange Nachmittage damit, Romane zu lesen, die mich weit von meiner Realität entfernten. Ich kochte herzhafte Suppen und genoss die Wärme, die sie in meine Küche brachten. Ich wandte mich an meinen Freund, nicht um ihn um Rat oder Lösungen zu bitten, sondern einfach um ihm mitzuteilen, wo ich war.

Langsam veränderte sich etwas. Die Schwere verschwand nicht über Nacht, aber sie begann leichter zu werden. Ich begann, einen Hauch von Frühling zu sehen – nicht in der Außenwelt, sondern in mir. Ideen für neue Projekte begannen zu blühen. Ich verspürte den Drang, wieder mit Menschen in Kontakt zu treten, nicht weil ich das Gefühl hatte, dass ich es müsste, sondern weil ich es wollte.

Als der Schnee schmolz, wurde mir klar, dass der Winter mich nicht gebrochen hatte. Es hatte mich geformt, mich weich gemacht und mir den Wert der Stille beigebracht. Ich hatte nicht jedes Problem gelöst, aber ich hatte etwas weitaus Wertvolleres gewonnen: die Erkenntnis, dass der Winter – sowohl im wörtlichen als auch im metaphorischen Sinne – nicht das Ende bedeutet. Sie sind eine Chance zum Innehalten, zum Wachsen und zur Vorbereitung auf die kommenden Jahreszeiten.

Wenn sich das Leben jetzt kalt und karg anfühlt, erinnere ich mich an den Winter im Wald. Ich erinnere mich daran, innezuhalten, mich auszuruhen und dem Prozess zu vertrauen. Denn genau wie die Bäume und Flüsse haben auch wir Jahreszeiten. Und obwohl der Winter hart ist, birgt er seine eigene Schönheit und Weisheit – wenn wir ihn nur zulassen.

Der Winter ist eine Jahreszeit wie keine andere. Es kommt leise, oft ungebeten, und hüllt die Welt in Stille und Stille. Die leuchtenden Farben des Herbstes verblassen und hinterlassen kahle Bäume und gefrorene Landschaften. Doch hinter dieser scheinbaren Kargheit verbirgt sich eine tiefe Wahrheit: Der Winter ist kein Ende – er ist ein Anfang. Es ist eine Zeit der Ruhe, Erneuerung und stillen Vorbereitung auf das, was als nächstes kommt.

In unserem Leben erleben wir alle Winter. Sie stimmen möglicherweise nicht mit dem Kalender überein, sind aber ebenso unvermeidlich. Dies sind die Zeiten, in denen das Leben langsamer wird, in denen die Wärme der Gewissheit nachlässt und wir uns mit der rohen, ungeschminkten Essenz der Existenz konfrontiert sehen. Diese Winter können viele Formen annehmen: den Verlust eines geliebten Menschen, einen beruflichen Rückschlag, eine gesundheitliche Herausforderung oder sogar die langsame, schleichende Müdigkeit eines Burnouts. Welche Form sie auch annehmen, sie erfordern unsere Aufmerksamkeit. Sie fordern uns auf, innezuhalten, nachzudenken und auf eine Weise zu wachsen, die wir uns vielleicht nie hätten vorstellen können.

Aber hier liegt das Paradox: Obwohl die Überwinterung eine universelle Erfahrung ist, wird sie oft missverstanden. In einer Welt, die Produktivität und Perpetuum Mobile verherrlicht, sind wir darauf konditioniert, diesen ruhigeren Jahreszeiten zu widerstehen. Uns wird gesagt, wir sollen durchhalten, weiter lächeln und so tun, als würde uns die Kälte nicht berühren. Doch dieser Widerstand verstärkt nur die Kälte. Indem wir uns den Raum verweigern, unsere Winter voll und ganz zu genießen, verpassen wir die tiefgreifenden Möglichkeiten, die sie bieten – die Chance, langsamer zu werden, uns wieder mit unserem inneren Selbst zu verbinden und auf der anderen Seite gestärkt daraus hervorzugehen.

Dieses Buch ist eine Einladung, Ihre Winter nicht als Hindernisse zu betrachten, die es zu überwinden gilt, sondern als Geschenke, die es auszupacken gilt. In den kommenden Kapiteln werden wir die transformative Kraft dieser ruhigen Jahreszeiten erkunden. Wir werden in der Natur Weisheit suchen und von den Tieren lernen, die Winterschlaf halten, von den Bäumen, die ihre Blätter abwerfen, und von den Flüssen, die zufrieren und wieder fließen. Wir werden die Schönheit der Stille entdecken, die Lehren aus dem Verlust und die verborgene Stärke, die zum Vorschein kommt, wenn wir uns gönnen, auszuruhen.

Beim Überwintern geht es nicht ums Aufgeben, sondern darum, loszulassen. Es geht darum, das Unnötige abzuwerfen, sich auf das Wesentliche zurückzuziehen und in der Einfachheit Trost zu finden. Es geht darum zu erkennen, dass Wachstum nicht immer wie Bewegung aussieht; Manchmal ist es so subtil wie ein unter dem Schnee vergrabener Samen, der Energie für den Frühling sammelt.

Beim Lesen stoßen Sie möglicherweise auf Echos Ihrer eigenen Erfahrungen. Vielleicht erinnern Sie sich an einen Winter, der Sie verändert hat, oder Sie erkennen den, in dem Sie sich gerade befinden. Wo auch immer Sie sich auf Ihrer Reise befinden, dieses Buch wird Sie mit Einfühlungsvermögen, Praktikabilität und Hoffnung begleiten. Gemeinsam werden wir herausfinden, wie wir uns in dieser kalten Jahreszeit ernähren, wie wir auch in den dunkelsten Momenten nach Licht suchen und wie wir die Weisheit des Winters in die kommenden helleren Tage tragen können.

Der Winter ist kein Grund zur Angst. Es ist ein Lehrer, ein Zufluchtsort und ein notwendiger Teil des Lebensrhythmus. Indem wir seine Gaben verstehen und seine Lehren annehmen, können wir unsere schwierigsten Zeiten in Zeiten tiefgreifenden Wachstums und Erneuerung verwandeln. Lassen Sie uns gemeinsam in die Stille eintreten und die in der Kälte verborgene Wärme finden.

KAPITEL 1

Der Ruf zum Winter

Das Leben schickt uns kein Memo, wenn der Winter kommt. Es gibt keine auffällige Ansage, kein blinkendes Schild mit der Aufschrift „Pause hier." Sie treten in eine Zeit des Wandels ein." Stattdessen vollzieht sich der Wandel subtil und leise – wie der erste Frost auf dem Gras oder die Art und Weise, wie das Tageslicht in den Wochen vor dem vollständigen Einbruch des Winters kürzer wird. Doch wenn wir aufmerksam sind, gibt es immer Anzeichen.

Die Winter des Lebens beginnen oft mit einem Gefühl der Erschöpfung. Vielleicht merken Sie es an Ihrem Körper – eine ungewöhnliche Müdigkeit, die scheinbar auch nicht durch ausreichend Schlaf geheilt wird. Oder vielleicht ist es emotional: eine anhaltende Schwere, ein Gefühl der Loslösung von den Dingen, die einem einst Freude bereiteten. Ihre Geduld lässt nach, Ihre Kreativität lässt nach und selbst die einfachsten Aufgaben fühlen sich an, als würden Sie einen steilen Hügel erklimmen. Es ist, als würde deine Seele flüstern: „Langsam. Es muss sich etwas ändern."

Aber den Ruf des Winters zu erkennen, ist nicht einfach. In einer Kultur, die Hektik und Belastbarkeit schätzt, kann sich das Eingeständnis, dass man müde oder überfordert ist, wie ein Misserfolg anfühlen. Uns wird beigebracht, durchzuhalten und weiterzumachen, egal was passiert. Doch ähnlich wie die Natur sind wir nicht darauf ausgelegt, das ganze Jahr über zu blühen. Ja, es gibt Jahreszeiten für Wachstum und Produktivität, aber es muss auch Jahreszeiten für Ruhe und Erneuerung geben. Das Ignorieren dieses Gleichgewichts führt nur zu Burnout, Frustration und einer tieferen Trennung.

Die subtilen Zeichen einer Wintersaison

Woher wissen wir also, wann der Winter ruft? Die Zeichen sind so unterschiedlich wie die Jahreszeiten selbst, aber sie haben oft Gemeinsamkeiten:

Ein Verlust an Energie und Konzentration: Aufgaben, die einst überschaubar schienen, erscheinen heute monumental. Ihre Energie sinkt und selbst Aktivitäten, die Sie einst geliebt haben, fühlen sich belastend an. Sie sind abgelenkt und unfähig, sich zu konzentrieren, als ob Ihr Geist nach Ruhe bettelt.

Emotionale Überlastung oder Taubheitsgefühl: Manche Winter bringen einen Sturm mit sich – ein Gefühlsausbruch, den man scheinbar nicht unterdrücken kann. Andere wiederum stellen eine stille Taubheit dar, eine Unfähigkeit, etwas tiefgreifendes zu empfinden. Beides sind Anzeichen dafür, dass Ihre emotionalen Reserven zur Neige gehen.

Ein Gefühl der Trennung: Beziehungen fühlen sich angespannt an, selbst zu denen, die Ihnen am nächsten stehen. Soziale Verpflichtungen werden anstrengend und Sie sehnen sich nach Einsamkeit, nicht aus Vermeidung, sondern aus dem Bedürfnis heraus, sich zurückzuziehen und neue Energie zu tanken.

Ein anhaltendes Gefühl von „Etwas stimmt nicht": Man kann es nicht immer in Worte fassen, aber etwas fühlt sich nicht im Einklang an. Es ist, als würden Sie auf Autopilot laufen und tun, was getan werden muss, ohne sich wirklich in Ihrem Leben präsent zu fühlen.

Beantwortung des Anrufs

Die Winter des Lebens laden zum Innehalten, Nachdenken und Genießen einer ruhigeren Jahreszeit ein. Das Erkennen dieser Zeichen ist nur der erste Schritt. Die wahre Herausforderung – und das wahre Geschenk – liegt in unserer Reaktion. Machen wir weiter und ignorieren das Flüstern des Winters, oder erlauben wir uns, innezuhalten und neu zu starten?

Zurücktreten ist kein Akt der Schwäche. Tatsächlich ist es ein Akt des Mutes. Es bedeutet, zuzugeben, dass wir nicht immer alles tun können, und das ist in Ordnung. Es bedeutet, unsere Grenzen zu respektieren und darauf zu vertrauen, dass Ruhe nicht das Ende der Produktivität, sondern der Anfang von etwas Neuem ist.

Hier sind Möglichkeiten, dem Ruf des Winters zu folgen:

Bestätigen Sie Ihre Saison

Der erste und wichtigste Schritt besteht darin, zu erkennen, dass Sie sich in der Überwinterungszeit befinden. Das mag offensichtlich erscheinen, aber wie oft schieben wir unsere Erschöpfung, Traurigkeit oder unser Gefühl der Trennung beiseite und bezeichnen es als Schwäche oder eine vorübergehende Phase? Wenn Sie Ihrer Jahreszeit einen Namen geben, geben Sie nicht nur zu, dass sie präsent ist – Sie geben sich auch die Erlaubnis, sie zu ehren.

Versuchen Sie es laut auszusprechen: „Ich bin gerade im Winter." Es ist eine kleine, aber tiefgreifende Tat. Die Benennung Ihrer Saison hilft Ihnen, nicht mehr dagegen anzukämpfen. Es verändert Ihre Denkweise von Verleugnung zu Akzeptanz und schafft den mentalen und emotionalen Raum, um mit der Heilung zu beginnen. Die Anerkennung Ihres Winters bedeutet keine Kapitulation – es ist eine Bereitschaftserklärung, auf das zu hören, was Ihnen diese Jahreszeit lehren muss.

Lassen Sie die Notwendigkeit los, alles reparieren zu müssen

Überwinterung ist kein zu lösendes Problem; Es ist ein Prozess, den man erleben muss. Aber das kann schwer zu akzeptieren sein, insbesondere für diejenigen von uns, die es gewohnt sind, Maßnahmen zu ergreifen und Dinge in Ordnung zu bringen.

Im Winter kann der Instinkt, etwas zu reparieren, kontraproduktiv sein. Vielleicht haben Sie Ihren Job verloren und fühlen sich gezwungen, sofort einen anderen zu finden, auch wenn Sie nicht mit ganzem Herzen dabei sind. Oder vielleicht ist eine Beziehung zu Ende gegangen und Sie zwingen sich dazu, schnell weiterzumachen, anstatt den Verlust zu betrauern. Diese Hektik verwehrt Ihnen die Möglichkeit, sich auf Ihre Gefühle einzulassen und zu verstehen, was Sie wirklich brauchen.

Loslassen bedeutet nicht aufgeben – es bedeutet, dem Prozess zu vertrauen. Vertrauen Sie darauf, dass die Klarheit und die Lösungen, die Sie suchen, zu gegebener Zeit eintreten werden. Konzentrieren Sie sich nicht auf das, was kaputt ist, sondern darauf, einfach nur zu sein. Fragen Sie sich: „Was brauchen mein Körper, mein Geist und meine Seele gerade?" Oft ist die Antwort Ruhe, nicht Entschlossenheit.

Priorisieren Sie Ruhe

Ruhe ist kein Genuss; es ist wichtig. Doch in einer Welt, in der Geschäftigkeit mit Wert gleichgesetzt wird, kann es radikal wirken, wenn man sich die Erlaubnis gibt, sich auszuruhen. Wenn wir uns ausruhen, sind wir nicht faul oder unproduktiv – wir tanken neue Kraft, kalibrieren uns neu und heilen.

Ruhe kann viele Formen annehmen. Körperlich könnte es bedeuten, dass Sie mehr schlafen, ein Nickerchen machen oder Ihr Tempo verlangsamen. Auf emotionaler Ebene könnte Ruhe so aussehen, als würde man anderen gegenüber Grenzen setzen oder sich von Situationen fernhalten, die einem die Energie rauben. Spirituell könnte es bedeuten, zu meditieren, Tagebuch zu führen oder einfach nur still zu sitzen.

Schaffen Sie im Laufe des Tages kleine Ruherituale. Beginnen Sie mit einer ruhigen Morgenroutine oder nehmen Sie sich an einem anstrengenden Nachmittag ein paar Minuten Zeit, um innezuhalten und tief durchzuatmen. Denken Sie daran, Ruhe ist keine Unterbrechung des Lebens – sie ist ein wesentlicher Teil davon.

Suche die Einsamkeit

In unserer lauten, vernetzten Welt wird Einsamkeit oft als Einsamkeit missverstanden. Aber Einsamkeit ist etwas ganz anderes – sie ist ein heiliger Ort, an dem wir uns wieder mit uns selbst verbinden und auf unsere innere Stimme hören können.

Wenn wir uns erlauben, allein zu sein, frei von Ablenkungen und äußeren Erwartungen, gewinnen wir Klarheit. Die Einsamkeit lädt zum Nachdenken ein und hilft uns, die Emotionen und Erfahrungen zu verarbeiten, die wir oft beiseite schieben. Machen Sie Spaziergänge in der Natur, verbringen Sie Zeit damit, Tagebücher zu schreiben oder sitzen Sie ruhig da und denken Sie nach. Lassen Sie sich ohne Leistungs- oder Erklärungsdruck existieren.

Bei der Einsamkeit geht es nicht darum, Menschen auszuschließen; Es geht darum, Raum für Selbstbeobachtung zu schaffen. Wenn wir aus dieser Zeit herauskommen, sind wir besser gerüstet, um uns von einem Ort der Authentizität und Stärke aus wieder mit der Welt auseinanderzusetzen.

Verlassen Sie sich auf Rituale

Rituale bieten Trost und Struktur in unsicheren Zeiten. Sie müssen nicht aufwändig sein – kleine, konsequente Handlungen können uns erden und uns an die Schönheit der Einfachheit des Lebens erinnern.

Betrachten Sie Rituale als Anker. Sie könnten so einfach sein wie das Anzünden einer Kerze jeden Abend, um das Ende des Tages zu markieren, das Genießen einer Tasse Tee in Stille oder ein warmes Bad vor dem Schlafengehen. Diese Handlungen signalisieren Ihrem Geist und Körper, dass es in Ordnung ist, langsamer zu werden, sich auszuruhen und präsent zu sein.

Rituale erinnern uns daran, dass wir auch im Winter Momente der Wärme und Freude schaffen können. Sie helfen uns, uns verwurzelt zu fühlen, auch wenn die Welt unsicher ist.

Der Mut zum Zurücksetzen

Während der Wintersaison Ihr Leben neu zu gestalten, ist keine leichte Entscheidung. Es erfordert Mut, sich von den Anforderungen der Welt zu lösen, Mut, sich dem zu stellen, was unter der Oberfläche liegt, und Glauben, auf das Unbekannte zu vertrauen. Für viele von uns kann der Gedanke an einen Neustart beängstigend sein. Es widerspricht allem, was uns über Erfolg, Produktivität und Belastbarkeit beigebracht wurde. Einen Schritt zurückzutreten könnte sich anfühlen, als würde man eine Niederlage eingestehen oder das Urteil anderer riskieren. Aber die Wahrheit ist, dass das Zurücksetzen kein Akt der Schwäche ist – es ist ein tiefgreifender Akt der Selbstfürsorge.

Einen Schritt zurückzutreten bedeutet nicht, aufzugeben; es bedeutet Neukalibrierung. Stellen Sie sich das so vor, als würden Sie einen Baum im Winter beschneiden – nicht, um ihm zu schaden, sondern um ihm zu helfen, stärker zu werden, wenn der Frühling zurückkehrt. Indem Sie innehalten, nachdenken und sich Ruhe gönnen, schaffen Sie Raum für neue Ideen, Beziehungen und Möglichkeiten, Wurzeln zu schlagen.

Durch das Zurücksetzen können Sie Ihre Prioritäten neu kalibrieren. Es gibt Ihnen den Raum, die schwierigen Fragen zu stellen: Was ist mir wirklich wichtig? Was muss ich loslassen? Was möchte ich weitertragen? Das sind keine Fragen, die man beantworten kann, während man durchs Leben hetzt.

Das Zurücksetzen ist zutiefst persönlich. Für manche könnte es bedeuten, sich eine Auszeit von der Arbeit zu nehmen oder Verpflichtungen neu zu bewerten. Für andere geht es einfach darum, den Alltag zu entschleunigen, mehr Zeit zu Hause zu verbringen oder Raum für ruhige Besinnung zu schaffen. Wie auch immer es aussieht, das Zurücksetzen ist ein Akt der Selbstachtung und des Selbstmitgefühls.

So starten Sie einen Reset

Innehalten und nachdenken: Nehmen Sie sich Zeit, um zu verstehen, was Sie zu dieser Saison geführt hat. Denken Sie darüber nach, was in Ihrem Leben funktioniert und was nicht. Seien Sie ehrlich zu sich selbst. Ein Reset beginnt mit Klarheit, und Klarheit erfordert Stille.

Identifizieren Sie, was Sie loslassen sollten: Durch die Überwinterung kommt oft zum Vorschein, was uns nicht mehr dient. Es könnte ein anstrengender Job, toxische Beziehungen oder sogar selbst auferlegte Erwartungen sein. Loslassen ist schwer, aber es schafft Raum für neue Chancen und Wachstum.

Machen Sie kleine, bewusste Schritte: Ein Reset muss nicht zwangsläufig drastische Änderungen auf einmal bedeuten. Beginnen Sie mit kleinen, sinnvollen Veränderungen – entrümpeln Sie Ihren Terminkalender, sagen Sie „Nein" zu Verpflichtungen, die Sie belasten, oder nehmen Sie sich jeden Tag Zeit für etwas, das Ihnen Freude bereitet.

Vertrauen Sie dem Prozess: Resets sind nicht linear. Es wird Momente des Zweifels und des Unbehagens geben. Aber vertrauen Sie darauf, dass Sie durch einen Schritt zurücktreten und sich neu kalibrieren und den Grundstein für ein authentischeres und erfüllteres Leben legen.

Die Stärke des Zurücksetzens

Wenn Sie den Mut zum Neustart haben, gewinnen Sie Ihre Kraft zurück. Sie erinnern sich daran, dass Sie nicht durch Ihre Umstände oder die Erwartungen anderer an Sie definiert werden. Zurücksetzen ist ein Akt der Selbstachtung. Darin heißt es: „Ich bin es wert, langsamer zu werden, auszuruhen und ein Leben zu führen, das meinen Werten entspricht.“

Letztlich geht es bei einem Reset nicht um einen Neuanfang, sondern um einen Neuanfang. Es geht darum, die Lektionen des Winters weiterzutragen und sie zu nutzen, um einen Frühling zu schaffen, der lebendig, bewusst und einzigartig für Sie ist.

Wenn wir aufhören, uns den Wintern des Lebens zu widersetzen, beginnen wir, sie als das zu sehen, was sie wirklich sind: Chancen. Der Winter ist die Zeit, das abzuwerfen, was uns nicht mehr dient, uns in uns selbst zurückzuziehen und Kraft für die kommenden Jahreszeiten zu sammeln. Es ist eine Chance, unsere Prioritäten neu zu setzen, neu zu entdecken, was am wichtigsten ist, und uns auf das unvermeidliche Tauwetter vorzubereiten.

Wenn also der Ruf des Winters kommt, ignorieren Sie ihn nicht. Hören. Treten Sie zurück. Zurücksetzen. Vertrauen Sie darauf, dass das Leben auch in der Kälte und Stille ruhig am Werk ist und Sie auf einen Frühling vorbereitet, der lebendiger sein wird, als Sie es sich hätten vorstellen können.

KAPITEL 2

Die Kälte umarmen

Der Winter ist keine Jahreszeit der Gemütlichkeit. Seine Kälte schmerzt unsere Haut, sein grauer Himmel lastet schwer auf unseren Herzen und seine Stille konfrontiert uns mit einer Wahrheit, die wir oft meiden: Das Leben ist nicht immer einfach, schön oder warm. Doch in seiner Schlichtheit liegt eine tiefgreifende Lektion. Der Winter lehrt uns, dass man vor Unbehagen nicht fliehen muss; Es ist etwas, dem man mit Gnade begegnen kann. Und wenn wir das tun, entdecken wir eine unerwartete Schönheit in der Kargheit der Jahreszeit.

Unbehagen mit Gnade begegnen

Unwohlsein, ob körperlich, emotional oder situativ, ist ein unvermeidlicher Teil des Lebens, aber wie wir darauf reagieren, kann den Verlauf unseres Lebens bestimmen. Der Winter spiegelt in seiner rauen und unerbittlichen Form oft die Unannehmlichkeiten wider, mit denen wir im Leben konfrontiert sind. Ob emotionaler Schmerz, Trauer, Stress oder persönlicher Kampf – Unbehagen kann sich wie ein ungebetener Gast anfühlen, der dann kommt, wenn wir es am wenigsten erwarten, und uns kalt, verletzlich und entblößt zurücklässt. Aber es liegt tiefe Weisheit darin, wie wir damit umgehen. Um Unbehagen wirklich mit Gnade anzunehmen, muss man sich dafür entscheiden, nicht Widerstand zu leisten, sondern ihm mit Akzeptanz, Geduld und Offenheit zu begegnen.

Die Macht der Akzeptanz

Wenn wir mit Unwohlsein konfrontiert werden, besteht unser natürlicher Instinkt darin, dagegen anzukämpfen. Wir versuchen, ihm zu entkommen, ihn zu betäuben oder ihn zum Verschwinden zu zwingen. Dieser Widerstand wurzelt oft in der Überzeugung, dass Schmerzen unbedingt vermieden werden sollten. Aber wahres Wachstum geschieht, wenn wir aufhören zu kämpfen und beginnen, das Unbehagen anzuerkennen.

Akzeptanz ist kein Rücktritt. Es bedeutet nicht: „Ich bin mit diesem Schmerz einverstanden." Stattdessen heißt es: „Ich sehe das als das, was es ist. Ich werde es nicht leugnen oder zulassen, dass es mich definiert." Akzeptanz ermöglicht es uns, Unbehagen zu unseren Bedingungen zu begegnen und es von einem Feind in einen Lehrer zu verwandeln.

Stellen Sie sich vor, Sie gehen ohne Schutzschichten in die Kälte. Zuerst erschüttert die Kälte Ihr System und jeder Instinkt schreit zum Rückzug. Doch während man dort steht, verändert sich etwas. Sie beginnen sich anzupassen. Ihr Atem beruhigt sich, Ihr Körper findet einen Rhythmus und Sie erkennen, dass die Kälte zwar unangenehm, aber nicht unerträglich ist. Es ist einfach anders – ein Gefühl, das man ertragen kann.

Die Unannehmlichkeiten im Leben sind weitgehend die gleichen. Ob Herzschmerz, Versagen oder Unsicherheit: Wenn wir aufhören, uns zu widersetzen und anfangen anzuerkennen, finden wir Kraft, von der wir nicht wussten, dass wir sie haben. So funktioniert Akzeptanz. Das Unbehagen ist immer noch da, aber anstatt dagegen anzukämpfen, nehmen wir es als das an, was es ist. Wir hören auf zu versuchen, das zu ändern, was wir nicht kontrollieren können, und beginnen, unsere Denkweise zu ändern. Anstatt zu fragen: „Warum passiert mir das?" Wir fragen: „Was kann ich daraus lernen? Was lehrt es mich?" Indem wir Unbehagen mit Akzeptanz umarmen, verwandeln wir das, was uns wie ein Feind erscheint, in einen Lehrer, der uns zu tieferem Verständnis und Wachstum führt. Jedes Unbehagen trägt einen Samen des Wachstums in sich. Der Verlust eines Arbeitsplatzes könnte Sie dazu bringen, eine Leidenschaft zu entdecken, der Sie nie nachgegangen sind. Eine zerbrochene Beziehung könnte Ihnen zeigen, wie wichtig Grenzen und Vergebung sind. Gnade entsteht nicht durch das Vermeiden von Schwierigkeiten, sondern dadurch, dass wir ihr mit offenen Armen begegnen und darauf vertrauen, dass sie uns auf sinnvolle Weise prägen wird. Selbst die stille Einsamkeit des Winters kann Sie dazu einladen, sich tiefer mit sich selbst zu verbinden. Der Winter ist schließlich die Jahreszeit, in der die Wurzeln tiefer wachsen, auch wenn die Oberfläche unfruchtbar erscheint.

Die Gnade der Präsenz

Bei Gnade angesichts von Unbehagen geht es darum, im Moment präsent zu sein. Wenn das Leben hart wird, neigen wir von Natur aus dazu, zu fliehen – von unserem Schmerz wegzuschauen, uns abzulenken oder die Erfahrung zu überstürzen. Aber wahre Gnade kommt, wenn wir uns erlauben, das Unbehagen vollständig zu erleben, ohne Urteil oder Eile. Wir sitzen damit. Wir lassen es über uns hinwegspülen.

Denken Sie darüber nach, wie wir oft mit emotionalem Unbehagen umgehen – zum Beispiel mit einem schwierigen Gespräch oder einer schmerzhaften Erinnerung. Wie oft wollen wir die unangenehmen Gefühle hinter uns lassen, sie zum Schweigen bringen oder so tun, als ob sie nicht existierten? Gnade ist die Fähigkeit, im Unbehagen zu sitzen, ohne zu versuchen, es zu ändern, den Gefühlen zu erlauben, wie Wellen zu steigen und zu fallen, ohne sich daran festzuhalten. Es geht nicht darum, das Unbehagen zu unterdrücken, sondern es zuzulassen, obwohl man weiß, dass es nur vorübergehend ist. Wie der Winter wird er vergehen.

Diese Gnade der Präsenz ermöglicht es uns, das Unbehagen nicht nur zu überleben, sondern auch daraus zu lernen. Es ermöglicht uns, es aus einer anderen Perspektive zu sehen, als etwas, das nicht dazu da ist, uns zu schaden, sondern um uns zu formen. Indem wir uns die

Erlaubnis geben, ohne Urteil zu fühlen, erschließen wir die Fähigkeit, Unbehagen in Stärke umzuwandeln.

Die Stärke der Hingabe

Hingabe ist ein kraftvoller Akt, wenn es darum geht, sich Unbehagen zu stellen. Hingabe bedeutet nicht, aufzugeben oder sich mit den eigenen Umständen abzufinden – es bedeutet, das Bedürfnis loszulassen, das Unkontrollierbare zu kontrollieren. Stellen Sie sich einen Baum in einem heftigen Wintersturm vor. Es bekämpft den Wind nicht. Stattdessen biegt es sich. Es ergibt sich der Kraft des Sturms und vertraut darauf, dass die Stärke in seiner Fähigkeit liegt, verwurzelt zu bleiben.

Wenn uns die Unannehmlichkeiten des Lebens treffen, möchten wir oft jedes Ergebnis kontrollieren – jedes Problem beheben, eine Lösung finden oder den Schmerz stoppen. Aber manchmal ist das Anmutigste, was wir tun können, das Bedürfnis nach Kontrolle loszulassen und darauf zu vertrauen, dass wir uns wie der Baum beugen können, ohne zu brechen. Hingabe gibt uns die Kraft, Not zu ertragen, ohne dass sie unseren Geist bricht. Es lehrt uns, dass Unbehagen zwar schmerzhaft, aber auch vorübergehend und transformativ ist.

Schönheit in der kahlen Landschaft finden

Der Winter wird oft als karge, leblose Jahreszeit wahrgenommen. Die Landschaften sind ihres üppigen Grüns beraubt und alles wirkt gedämpft, von einer Schneedecke bedeckt oder vom grauen Himmel verdeckt. Doch in dieser Leere liegt eine einzigartige und tiefe Schönheit, die nur von denen gesehen werden kann, die bereit sind, über die Oberfläche hinauszuschauen. In der kahlen Landschaft finden wir eine raue und ehrliche Schönheit, die uns dazu einlädt, zu überdenken, was wir im Leben wirklich schätzen.

Die Eleganz der Einfachheit

Wenn wir die kahle Winterlandschaft betrachten, sind wir gezwungen, das Überflüssige abzustreifen – die Blätter, die Blumen, die Ablenkungen, die normalerweise die Welt um uns herum färben. Und in dieser Einfachheit finden wir Eleganz. Die kahlen, entlaubten Bäume zeigen uns in ihrer Nacktheit die Kraft der Widerstandskraft. Der Schnee, der den Boden bedeckt, verwandelt gewöhnliche Gegenstände in etwas Ätherisches, Unberührtes von der Zeit. Die Stille des Winters mit seiner Ruhe und Gelassenheit ermöglicht es uns, die kleinen Details wahrzunehmen, die oft unbemerkt bleiben.

Diese Schönheit der Einfachheit lehrt uns, dass nicht alles im Leben großartig oder lebendig sein muss, um einen Sinn zu haben. Wir leben in einer Welt, die Schönheit oft an ihrer Fülle misst – an der Intensität unserer Erfolge, der Helligkeit unserer Tage und der Geschäftigkeit unseres Lebens. Aber der Winter erinnert uns in seiner stillen Kargheit daran, dass wahre Schönheit in den unauffälligen, schmucklosen und ruhigen Momenten liegt. Es lehrt uns, dass es schön ist, das Unnötige wegzuwerfen und Freude an dem zu finden, was übrig bleibt. Ein einfaches Gespräch, eine warme Mahlzeit oder ein Moment der Stille am Feuer – das sind die kahlen Landschaften unseres Lebens, und sie sind zutiefst schön, wenn wir uns darauf einlassen. Wenn wir diese Einfachheit annehmen, können wir beginnen, Schönheit in unserem eigenen Leben zu sehen, in den Räumen, die leer erscheinen mögen, und in den Momenten, die sich unauffällig anfühlen.

Die Magie der Transformation

Die Schönheit des Winters ist nicht statisch; es ist dynamisch. Ein mit Frost bedecktes Fenster funkelt wie Diamanten, wenn es vom Morgenlicht berührt wird. Eiszapfen sind zwar scharf und kalt, schimmern aber in einem zarten Glanz. Selbst der grauste Himmel kann zu atemberaubenden Sonnenaufgängen führen, deren Farben sich deutlich von der Härte der Jahreszeit abheben.

Was wir in der kahlen Landschaft oft nicht erkennen, ist das Versprechen einer Transformation. Unter dem Schnee ruhen Samen. Der Boden ist zwar mit Frost bedeckt, steckt aber voller Potenzial. Der Winter mag still und leblos erscheinen, aber er bereitet sich auf die Explosion des Lebens vor, die der Frühling bringen wird. Diese Vorstellung von Transformation – von etwas, das stillschweigend genährt wird, selbst in einer scheinbar ruhenden Zeit – lädt uns ein, Unbehagen anders zu sehen. Diese Transformation spiegelt unsere eigene wider. So wie die Winterlandschaft vom Wechselspiel von Licht und Schatten geprägt ist, so sind auch wir von der Balance aus Not und Hoffnung geprägt.

Wenn wir Zeiten des Verlusts oder der Herausforderung erleben, kann es sich anfühlen, als ob alles zum Stillstand gekommen wäre. Wir haben möglicherweise das Gefühl, in einer kargen Landschaft zu stehen, in der es keine Anzeichen für Fortschritt oder Wachstum gibt. Aber so wie der Winter für die Erde eine Zeit der Ruhe und Erneuerung ist, sind unsere schwierigen Jahreszeiten für uns Gelegenheiten zum Nachdenken, Lernen und Heilen. Es liegt Schönheit im Potenzial, das unter der Oberfläche unseres Schmerzes liegt. Jeder schwere Moment, jede herausfordernde Jahreszeit trägt den Samen der Transformation in sich.

Gerade wenn der Schnee schmilzt und die Erde darunter zum Vorschein kommt, werden die Unannehmlichkeiten, mit denen wir in unseren persönlichen Wintern konfrontiert sind, schließlich einem neuen Wachstum weichen. Aber wir müssen geduldig sein und darauf vertrauen, dass die Schönheit der Transformation oft still und leise unter der Oberfläche ankommt, wenn wir sie am wenigsten erwarten.

Die Kälte anzunehmen bedeutet, nicht mehr vor dem Unbehagen davonzulaufen und nach ihren Lehren zu suchen. Es geht darum, angesichts der Not und Schönheit in den einfachsten und schlimmsten

Momenten des Lebens Gnade zu finden. Der Winter lädt uns ein, langsamer zu werden, das Unnötige zu entfernen und die Welt – und uns selbst – mit neuen Augen zu sehen.

Wenn sich das Leben also kalt und karg anfühlt, wenn die Winde der Veränderung Sie bis auf die Knochen abkühlen, denken Sie daran, dass der Winter nicht Ihr Feind ist. Es ist dein Lehrer. Stellen Sie sich diesem Unbehagen mit Anmut und Sie werden eine Stärke entdecken, von der Sie nie wussten, dass Sie sie haben. Schauen Sie sich die karge Landschaft genau an und Sie werden eine Schönheit entdecken, die Ihnen den Atem raubt.

Der Winter ist nicht nur eine Jahreszeit zum Aushalten – er ist eine Jahreszeit zum Umarmen. Und wenn Sie das tun, werden Sie nicht nur gestärkt daraus hervorgehen, sondern auch mehr im Einklang mit der ruhigen, dauerhaften Schönheit des Lebens selbst sein. Die Schönheit des Winters ist zwar subtil, hat aber die Macht, uns aufzuhalten. Das Licht eines einzelnen Sonnenuntergangs kann vor einem grauen Himmel lebendiger erscheinen als in der vollen Wärme des Sommers. Ein Stück kahler, mit Frost bedeckter Bäume kann zu einem Kunstwerk werden, das in der stillen Stille des Morgens schimmert. Die Winterlandschaft lädt uns ein, langsamer zu werden und das zu genießen, was oft übersehen wird – die ruhigen Momente, die sanften Geräusche, die zarten Lichtwechsel.

In der kahlen Winterlandschaft sehen wir die Welt so, wie sie wirklich ist – ohne die Schichten des Überflusses, ohne die Ablenkungen der geschäftigen Welt. Es ist eine Einladung, das Leben in seiner ehrlichsten, rohesten Form anzunehmen und die Schönheit der Dinge zu sehen, die wir oft ignorieren. Wenn wir bereit sind, innezuhalten und wirklich zu beobachten, entdecken wir eine Schönheit, die ruhiger, aber tiefgründiger ist als alles, was wir bisher gesehen haben. Und in dieser Schönheit finden wir die Gnade, unseren eigenen Beschwerden mit neuer Kraft zu begegnen, und den Mut, darauf zu vertrauen, dass auch dies wie der Winter vorübergehen wird.

KAPITEL 3

Die Kraft der Stille

In einer Welt, die nie aufhört, sich zu bewegen, in der das Summen der Produktivität ein ständiger Begleiter ist, fühlt sich die Vorstellung der Stille oft wie ein Genuss an – etwas, wofür wir zu beschäftigt sind, etwas, das nicht in unseren überfüllten Zeitplan passt. Wir betrachten Ruhe als etwas, das kommt, nachdem alle Aufgaben erledigt sind, nachdem die To-Do-Listen abgehakt sind und nachdem wir die Ziellinie überquert haben. Was aber, wenn Ruhe nicht nur eine Belohnung für harte Arbeit ist? Was ist, wenn es für unser Wohlbefinden, unsere Kreativität und unsere Belastbarkeit unerlässlich ist?

In den ruhigsten Momenten, in der Stille der Ruhe, verbinden wir uns auf tiefgreifendste Weise wieder mit uns selbst. Der Winter bietet uns eine einzigartige Einladung: Ruhe ohne Schuldgefühle, Hingabe an die Stille und dabei Erneuerung zu finden.

Die Kunst, ohne Schuldgefühle zu ruhen

Ruhe in ihrer reinsten Form ist nicht einfach die Abwesenheit von Aktivität; Es ist die bewusste Entscheidung, innezuhalten, neue Energie zu tanken und die natürlichen Zyklen unseres Körpers und Geistes zu respektieren. Doch für viele von uns fühlt sich Ruhe wie ein Luxus an, den man sich erst verdient, wenn alle Aufgaben erledigt sind. Uns wurde beigebracht, Geschäftigkeit mit Würdigkeit gleichzusetzen und zu glauben, dass jeder Moment unseres Tages mit Produktivität erfüllt sein muss, um unseren Wert zu beweisen. Diese

Denkweise lässt wenig Raum für Ruhe – echte Ruhe ohne Schuldgefühle.

Ruhe ist nicht nur für die körperliche Erholung notwendig, sondern auch für die geistige und emotionale Erneuerung. Stellen Sie sich vor, Sie fahren ein Auto, das nie zum Tanken anhält, das endlos voranschreitet, ohne jemals langsamer zu werden. Irgendwann würde der Motor überhitzen, die Reifen würden verschleißen und das Auto würde kaputt gehen. Und doch behandeln wir uns selbst oft genauso. Wir drängen weiter, streben weiter, machen weiter, bis wir ausbrennen.

Die Kunst, ohne Schuldgefühle auszuruhen, besteht nicht nur darin, eine Pause einzulegen; Es geht darum, unsere Denkweise zu ändern und Ruhe als integralen Bestandteil unseres persönlichen Wachstums und Erfolgs anzuerkennen. Es geht darum, zu lernen, unser eigenes Wohlbefinden genauso zu schätzen wie die Produktivität, und zu verstehen, dass Ruhe kein Zeichen von Schwäche, sondern von Stärke ist. So oft befinden wir uns in einem Kreislauf, in dem Geschäftigkeit gleichbedeutend mit Wert ist. Wir haben ein schlechtes Gewissen, wenn wir uns eine Auszeit nehmen, langsamer werden oder einfach nur still sind. Dieses Schuldgefühl ist tief in der kulturellen Erzählung verwurzelt, nach der wir leben – wo mehr zu tun, mehr zu erreichen und jede Minute des Tages mit Aktivität zu füllen, als die höchste Form des Erfolgs angesehen wird. Diese Denkweise ist jedoch nicht nachhaltig und trägt sicherlich nicht zu unserem allgemeinen Wohlbefinden bei.

Ruhe als Notwendigkeit zurückgewinnen

Der erste Schritt, um zu lernen, sich ohne Schuldgefühle auszuruhen, besteht darin, anzuerkennen, dass Ruhe eine Notwendigkeit und kein Luxus ist. Es ist ein entscheidender Teil unseres Wohlbefindens. Wenn wir uns ausruhen, füllen wir die Quelle der Energie, Kreativität und Freude wieder auf, die uns durch die Herausforderungen des Lebens trägt. Nur durch Ruhe können wir uns von unserer besten Seite zeigen – geistig scharf, emotional ausgeglichen und körperlich stark.

So wie der Schlaf für die ordnungsgemäße Funktion des Körpers unerlässlich ist, ist Ruhe für Geist und Seele gleichermaßen wichtig. Wenn wir uns ausruhen, geben wir uns die Erlaubnis, neue Kraft zu tanken, aufzutanken und unsere Energie wiederherzustellen, damit wir uns mit Klarheit, Kreativität und Stärke zeigen können. Stellen Sie sich vor, Sie versuchen, einen Marathon zu laufen, ohne eine Pause zum Auftanken einzulegen. Der Körper würde irgendwann zusammenbrechen, die Muskeln würden ermüden und die Energie würde nachlassen. Aber wenn wir Ruhe als integralen Bestandteil unserer Routine betrachten – wenn wir ihr ebenso Priorität einräumen wie Arbeit und Produktivität – beginnen wir, besser zu funktionieren. Ruhe ermöglicht es uns, mentale Unordnung zu beseitigen, Stress abzubauen und uns neu zu zentrieren. In diesen Momenten des Innehaltens können wir unsere inneren Ressourcen nutzen, unsere tiefsten Einsichten entdecken und unseren Gleichgewichtssinn wiederherstellen.

Der Akt der Ruhe erfordert, dass wir unsere Denkweise ändern und ihn nicht mehr als „Nichtstun" betrachten, sondern ihn als eine Form der Selbstfürsorge verstehen, die alles andere, was wir tun, antreibt. Wenn wir anerkennen, dass Ruhe eine notwendige Übung ist und nicht etwas, weswegen wir uns schuldig fühlen müssen, beginnen wir, eine gesündere Beziehung zu uns selbst aufzubauen. Wir betrachten es nicht mehr als eine Pause von der Produktivität, sondern erkennen stattdessen, dass wir durch Ausruhen tatsächlich zu unserem Erfolg beitragen. Wir geben uns den Raum, vollständig präsent, engagiert und inspiriert zu sein, wenn wir wieder aktiv werden. So wie ein Baum im Winter seine Blätter abwirft, um Energie für neues Wachstum zu sparen, müssen auch wir lernen, einen Schritt zurückzutreten, langsamer zu werden und unseren inneren Reserven zu erlauben, sich wieder aufzufüllen. Ruhe ist ein Akt der Selbstliebe, eine Erklärung, dass wir es wert sind, uns Zeit für uns selbst zu nehmen, ohne uns zu entschuldigen oder uns zu schämen.

Ruhe ohne Schuldgefühle in einer geschäftigen Welt

In einer Welt, die ständig mehr verlangt – mehr Produktivität, mehr Ergebnisse, mehr Action – kann es sich wie ein Akt der Rebellion anfühlen, sich Zeit zum Ausruhen zu nehmen. Wir haben Angst, andere im Stich zu lassen, ins Hintertreffen zu geraten und als faul oder unmotiviert zu gelten. Der Druck, in Bewegung zu bleiben, beschäftigt zu bleiben und immer etwas zu erreichen, ist überwältigend. Wir könnten das Gefühl haben, dass wir zurückfallen oder als faul gelten, wenn wir uns ausruhen. Aber wahrer Fortschritt entsteht, wenn man erkennen kann, wann man einen Schritt zurücktreten muss, um mit neuem Ziel voranzuschreiten.

Der Schlüssel zur Überwindung von Schuldgefühlen liegt darin, sich die Vorstellung zu eigen zu machen, dass Ruhe keine Abwesenheit von Taten ist, sondern eine notwendige Phase des Zyklus. So wie wir nicht erwarten können, mit leeren Händen davonzulaufen, können wir auch nicht erwarten, ein erfülltes Leben ohne Momente der Ruhe und Erholung zu führen. Tatsächlich sind es diese Momente der Ruhe, durch die wir bei den Aufgaben, die wir übernehmen, wirklich präsent sein können, egal, ob sie groß oder klein sind. Ruhe hilft uns, Burnout, Erschöpfung und Frustration zu vermeiden, indem sie ein nachhaltiges Tempo schafft, das es uns ermöglicht, mit Absicht und Freude voranzukommen. Wenn wir Ruhe als Teil des natürlichen Auf und Ab des Lebens akzeptieren, betrachten wir sie nicht mehr als eine Pause von unserer Verantwortung, sondern vielmehr als eine Möglichkeit, uns voll und ganz dieser Verantwortung zu stellen.

Nehmen Sie sich einen Moment Zeit zum Nachdenken: Haben Sie jemals versucht, die Erschöpfung zu überwinden, nur um festzustellen, dass Sie sich nicht konzentrieren oder die anstehende Aufgabe nicht erledigen können? Die beste Arbeit gelingt uns oft, wenn wir uns erlauben, einen Schritt zurückzutreten, zu schlafen oder einfach eine Weile nichts zu tun. Wenn wir beginnen, Ruhe ohne Schuldgefühle zu akzeptieren, erkennen wir, dass der wahre Akt der Stärke nicht im ständigen Streben liegt, sondern darin, uns Ruhe zu gönnen, wenn es nötig ist. Diese Praxis des Selbstmitgefühls hilft uns, von einer Denkweise der Knappheit (der Angst, dass wir nicht genug erreichen werden) zu einer Denkweise des Überflusses (dem Vertrauen, dass wir alles, was wir erreichen sollen, zur richtigen Zeit erreichen zu können) überzugehen. Zu lernen, ohne Schuldgefühle auszuruhen, ist ein Akt der Selbstachtung, der Anerkennung unserer Grenzen und der Akzeptanz, dass Ruhe nicht nur erlaubt, sondern für ein erfülltes Leben unerlässlich ist.

Stille als Quelle der Erneuerung

In einer Welt, die immer aktiv ist – das ständige Summen von Benachrichtigungen, das Geplapper von Gesprächen, der Lärm von Verpflichtungen und Verantwortlichkeiten – kann sich Stille selten und fast fremd anfühlen. Aber in diesen Momenten der Stille liegt ein verborgenes Geschenk: die Kraft zur Erneuerung, Wiederherstellung und Neuausrichtung.

Stille ist nicht einfach die Abwesenheit von Ton – sie ist ein Raum zum Nachdenken, zur Neukalibrierung und zur Neuentdeckung. In einer Welt voller ständigem Lärm – Telefonbenachrichtigungen, Gespräche, Verkehrslärm, Erwartungsdruck – ist wahre Stille ein seltenes Geschenk, aber sie ist auch eines der mächtigsten Werkzeuge, die wir zum Neustarten und Aufladen nutzen können.

Wenn wir in die Stille eintauchen, betreten wir einen Raum, der frei von Ablenkungen, äußeren Einflüssen und dem Druck des täglichen

Lebens ist. In diesem Raum verbinden wir uns wieder mit unserem wahren Selbst, hören das Flüstern unserer inneren Weisheit und entdecken die Antworten, nach denen wir gesucht haben. Stille ist ein Zufluchtsort zum Nachdenken, zur Erneuerung und zum Wachstum.

Die Heiligkeit der Stille

Stille ist heilig, nicht nur im Sinne der Ehrfurcht, sondern weil sie uns eine Rückkehr zum Wesen dessen bietet, wer wir sind. Es ist die Leinwand, auf der wir unsere wahrsten Gedanken, Träume und Wünsche malen können. Es ermöglicht uns, ohne Ablenkung auf uns selbst zu hören, das leise Flüstern unserer inneren Weisheit zu hören und uns wieder mit unserer Essenz zu verbinden. In der Stille sind wir frei vom Druck der Erwartungen anderer und können einfach wir selbst sein.

Denken Sie an die ersten Augenblicke des Morgens, bevor die Welt erwacht – das sanfte Summen der Luft, die Stille, die alles umhüllt. In diesen Momenten der Einsamkeit und Stille können wir auf unsere tiefsten Gedanken und Gefühle zugreifen. Stille hat etwas von Natur aus Heilendes. Es bietet Raum für unseren Geist zur Ruhe, für unseren Körper zum Entspannen und für unseren Geist zum Atmen. Es ist wie ein tiefes Ausatmen, ein Moment, in dem wir all die Spannung loslassen können, die wir mit der Zeit aufgebaut haben. Die Welt um uns herum fordert ständig unsere Aufmerksamkeit, aber in der Stille fordern wir unsere eigene zurück. Schweigen ist eine Einladung, unsere Gedanken, Gefühle und Bedürfnisse ohne Urteil zu würdigen. Sie verlangt von uns nichts außer unserer Anwesenheit. Stille bietet uns die Möglichkeit, auf unsere eigenen Bedürfnisse zu hören.

Heilung durch stille Reflexion

In unserem geschäftigen Leben nehmen wir uns oft nicht die Zeit zum Nachdenken. Wir eilen von Aufgabe zu Aufgabe und sind dabei nicht in der Lage, unsere Emotionen zu verarbeiten oder unsere Erfahrungen zu verstehen. Stille bietet uns die seltene Gelegenheit, innezuhalten, innezuhalten und tief über unser Leben nachzudenken. Es bietet einen Raum für Heilung – um unsere Vergangenheit zu verstehen, die Last vergangener Verletzungen loszulassen und Frieden mit der Gegenwart zu schließen, in der wir uns befinden. Wenn wir ständig unterwegs sind, werden unser Geist und unser Körper überreizt und es wird schwierig zu erkennen, was wir wirklich brauchen. Aber Stille hilft, diese Reizüberflutung zurückzusetzen.

Wenn wir uns die Zeit nehmen, in Stille zu ruhen, ermöglichen wir unserem Geist und Körper, auf eine Weise zu heilen, die oft übersehen wird. Die ständige Flut von Informationen, Anforderungen und Lärm kann dazu führen, dass wir geistig erschöpft und von uns selbst getrennt sind. Schweigen ist das Gegenmittel. Es gibt uns Raum, über unsere Erfahrungen nachzudenken, unsere Emotionen zu verarbeiten und unseren Gedanken einen Sinn zu geben.

Stellen Sie sich ein Gewässer vor, das ständig durch Wellen aufgewühlt wird. Wenn das Wasser in Bewegung ist, ist es schwierig, unter die Oberfläche zu sehen. Aber wenn sich das Wasser beruhigt, wird es klar und still und spiegelt den Himmel darüber wider. Auch unser Geist braucht diese ruhige Zeit, um zur Ruhe zu kommen, eine Perspektive zu gewinnen und ein Gleichgewicht zu finden. Stille ermöglicht es uns, genau das zu tun – die Voraussetzungen für Heilung, Erneuerung und Wachstum zu schaffen.

Stille als Weg zur Kreativität

Wir betrachten Kreativität oft als etwas, das durch Handeln entsteht – durch die Teilnahme an Aktivitäten, Brainstorming oder Produzieren. Aber wahre Kreativität entsteht in der Stille zwischen den

Handlungen, in dem Raum, in dem Ideen ohne Ablenkung Wurzeln schlagen und gedeihen können. Stille fördert die Kreativität, indem sie es dem Geist ermöglicht, zu schweifen, scheinbar unzusammenhängende Gedanken zu verbinden und neue Ideen zu entfachen.

Wenn wir in die Stille treten, schaffen wir Raum für unseren Geist, um auszuruhen und uns neu zu ordnen. In diesen Momenten der Ruhe kann sich unser Unterbewusstsein frei bewegen, neue Verbindungen knüpfen und neue Ideen generieren. Inspiration kann in den unerwartetsten Momenten aufkommen – während wir spazieren gehen, still sitzen oder einfach nur ausruhen. Stille fördert diese Art kreativer Freiheit, weil sie den Druck des „Tuns" beseitigt. Kreativität entsteht auf natürliche Weise, wenn wir uns den Raum geben, ohne die Zwänge von Fristen oder Erwartungen zu denken.

Tatsächlich suchten einige der größten Künstler, Denker und Schöpfer der Welt die Stille als eine Möglichkeit, ihre kreative Energie zu regenerieren. Sie verstanden, dass sie, um sich wirklich mit ihrem künstlerischen Fluss zu verbinden, Abstand vom Lärm nehmen und mit ihren Gedanken allein sein mussten. In der Stille fanden sie den Rohstoff für ihr bedeutendstes Werk. Die Antworten, nach denen wir suchen, entstehen oft nicht aus hektischer Aktion, sondern aus dem Raum, den wir durch Ruhen, Zuhören und Sein schaffen.

Ruhe und Stille sind keine passiven Handlungen; Sie sind leistungsstarke Werkzeuge zur Transformation. In der Stille finden wir die Kraft, uns zu erneuern, zu heilen und wieder aufzustehen. Sie sind keine Anzeichen von Schwäche, sondern Akte tiefgreifender Widerstandsfähigkeit, die es uns ermöglichen, geerdet, zentriert und bereit für die vor uns liegenden Herausforderungen zu bleiben. Wenn wir Ruhe ohne Schuldgefühle genießen und die Stille als Quelle der Erneuerung suchen, entfalten wir unser wahres Potenzial.

So wie uns der Winter lehrt, dass die Erde Zeit zum Ausruhen und Regenerieren braucht, so tun es auch wir. Indem wir die ruhigen Momente genießen und unser Bedürfnis nach Ruhe respektieren, schaffen wir die Voraussetzungen für Erneuerung, Kreativität und Heilung. Durch Ruhe und Stille entdecken wir eine tiefere Verbindung zu uns selbst und der Welt um uns herum und finden Kraft und Klarheit an den unerwartetsten Orten.

KAPITEL 4

Winterschlaf für die Seele

Der Winter in all seiner kalten und stillen Pracht lädt uns ein, nach innen zu kehren. So wie sich die Natur in den Winterschlaf zurückzieht, kommt in jedem unserer Leben eine Zeit, in der wir das Bedürfnis nach Einsamkeit und Besinnung respektieren müssen. In diesen Momenten der Stille haben wir die Chance, unsere Seele zu nähren, vergangene Wunden zu heilen und uns auf das Wachstum vorzubereiten, das die kommenden Jahreszeiten mit sich bringen werden.

Im Winterschlaf geht es im Zusammenhang mit der Seele nicht darum, wegzulaufen oder der Welt aus dem Weg zu gehen – es geht darum, den Raum zu finden, um zu heilen, uns mit unserem wahren Selbst zu verbinden und die Energie wieder aufzufüllen, die uns die Herausforderungen des Lebens vielleicht entzogen haben. Es ist ein bewusster Akt, Prioritäten auf das zu setzen, was wirklich wichtig ist: Frieden, Ruhe und Zeit, die wir mit unseren inneren Gedanken verbringen. So wie sich ein Bär für eine Zeit der Ruhe in seine Höhle zurückzieht, müssen auch wir unseren eigenen persönlichen Zufluchtsort finden, wo wir neue Energie tanken, nachdenken und erneuert hervorgehen können.

Priorisierung der Einsamkeit

In einer Welt, in der Geschäftigkeit gefeiert wird, fühlt sich Einsamkeit oft wie eine Anomalie an. Uns wird beigebracht, uns mit Menschen zu umgeben, beschäftigt zu bleiben und immer in Bewegung zu sein. Aber die Wahrheit ist, dass Einsamkeit eines der tiefgreifendsten Geschenke ist, die wir uns selbst machen können. Es ist eine heilige Zeit, innezuhalten, durchzuatmen und sich wieder mit der Person zu verbinden, die wir unter den Schichten von Rollen, Verantwortlichkeiten und Erwartungen wirklich sind.

Wenn wir der Einsamkeit Priorität einräumen, treten wir einen Schritt zurück von der Welt und geben uns die Erlaubnis, unsere innere Landschaft zu erkunden. Dieser bewusste Akt des Zurücktretens ist keine Flucht – es ist eine Möglichkeit, neu auszurichten und neu auszurichten, Kraft zu sammeln und Klarheit zu finden. Es geht nicht um Isolation oder Einsamkeit; Es geht darum, Raum für Selbstbeobachtung und Selbstfürsorge zu schaffen.

Das Geschenk des Alleinseins

Einsamkeit ist keine Einsamkeit – sie ist ein Geschenk. Für viele von uns kann die Vorstellung, allein zu sein, unangenehm oder einschüchternd sein. Wir werden oft mit Gedanken, Gefühlen und Ängsten bombardiert, wenn uns nichts anderes übrig bleibt als unsere eigene Gesellschaft. Doch im Alleinsein mit uns selbst finden die bedeutungsvollsten Selbstentdeckungen statt. In der Einsamkeit finden wir unsere eigene Stimme, ungefiltert und unverfälscht durch die Meinungen oder Erwartungen anderer.

Das Schöne am Alleinsein liegt in der Fähigkeit, Ablenkungen zu beseitigen. In einer Welt voller Lärm – E-Mails, Textnachrichten, soziale Medien und das ständige Summen des täglichen Lebens – wird Einsamkeit zu einem seltenen Moment der Stille. Es ermöglicht uns, uns auf unsere tiefsten Bedürfnisse und Wünsche einzustimmen, auf unsere Emotionen zu hören und unsere Gedanken klarer zu verstehen.

Bei der Einsamkeit geht es nicht darum, andere abzulehnen; es geht darum, sich selbst zu umarmen. Es geht darum, einen ruhigen Raum zu schaffen, in dem Sie über Ihre Reise nachdenken, Ihre Gefühle verarbeiten und sich mit Ihrer inneren Weisheit verbinden können. Es ist an der Zeit, sich zu fragen: Was brauche ich jetzt wirklich? Wonach sehne ich mich? Welche Teile von mir habe ich vernachlässigt?

Wenn wir uns erlauben, die Einsamkeit anzunehmen, schenken wir uns selbst das Geschenk der Authentizität. Wir hören auf, für die Welt aufzutreten und fangen an, für uns selbst aufzutreten. Wir beginnen, unsere wahren Bedürfnisse und Wünsche zu respektieren, und schaffen so eine Grundlage für größere emotionale Belastbarkeit und Klarheit.

So wie der Winter der Natur eine Zeit zum Ausruhen und Regenerieren bietet, ermöglicht uns die Einsamkeit, uns wieder mit unserem wahren Selbst zu verbinden und unsere innere Welt zu pflegen.

Die innere Stille umarmen

In der Einsamkeit wird uns die Möglichkeit gegeben, die Stille in uns zu umarmen. Stille kann zunächst beunruhigend sein, insbesondere wenn wir an das ständige Geschwätz und die Anforderungen des Lebens gewöhnt sind. Aber in der Stille finden wir die Antworten, die wir suchen. In der Stille kann unsere tiefste Weisheit zum Vorschein kommen, unbelastet von den Meinungen und Zwängen der Welt um uns herum.

Die Stille der Einsamkeit bietet uns die Möglichkeit, tief nachzudenken. Es ermöglicht uns, die Vergangenheit mit Sanftmut Revue passieren zu lassen, unsere Siege zu feiern und aus unseren Fehltritten zu lernen. Beim Nachdenken geht es nicht um ein Urteil; es geht ums Verstehen. Es geht darum, zurückzublicken, damit wir mit größerer Weisheit und Absicht voranschreiten können.

In diesem Raum der stillen Reflexion können wir auch beginnen, die Geschichten loszulassen, die uns nicht mehr dienen. Vielleicht haben wir an Schuldgefühlen, Bedauern oder Groll festgehalten. Die

Einsamkeit gibt uns die Möglichkeit, diese Emotionen anzuerkennen, mit ihnen zusammenzusitzen und sie letztendlich loszulassen.

Stille ist nicht leer – sie ist voller Möglichkeiten. Es ist eine Leinwand, auf der wir unsere Träume, unsere Hoffnungen und unsere Absichten malen können. Wenn wir die Stille in uns umarmen, entdecken wir, dass es sich nicht um eine Leere handelt, die man fürchten muss, sondern um einen Zufluchtsort, den man wertschätzen muss.

So wie ein Samenkorn Zeit unter der Erde braucht, um zu wachsen, brauchen auch wir Momente der stillen Besinnung, um das neue Wachstum und die Erfahrungen, die vor uns liegen, zu verarbeiten, zu nähren und uns darauf vorzubereiten.

Schaffen Sie Ihr persönliches Winterparadies

Um dem Ruf der Seele zum Winterschlaf wirklich gerecht zu werden, müssen wir Räume schaffen, die Einsamkeit, Besinnung und Erneuerung fördern. Ein persönlicher Winterzufluchtsort ist nicht nur ein physischer Raum, sondern ein Geisteszustand, ein Ort, an den wir uns zurückziehen können, wenn wir abschalten und uns auf unsere innere Welt konzentrieren müssen.

Einen Raum zum Nachdenken schaffen

Ihr Zufluchtsort sollte ein Ort sein, an dem Sie sich wohlfühlen, ein Ort, an dem Sie sich vollkommen entspannen und die Seele baumeln lassen können. Es muss nicht aufwändig sein – eine einfache Zimmerecke, ein gemütlicher Stuhl am Fenster oder sogar ein Lieblingsplatz in der Natur können als Rückzugsort dienen. Was zählt, ist, dass es sich wie Ihr eigenes anfühlt, ein Raum, in dem Sie sich von äußeren Anforderungen lösen und sich auf Ihre innere Welt konzentrieren können.

Beginnen Sie damit, Ihren Zufluchtsort mit Elementen zu füllen, die Ihnen Trost und Freude bringen. Sanftes Licht, eine warme Decke oder eine Lieblingskerze können eine beruhigende Atmosphäre schaffen. Umgeben Sie sich mit Gegenständen, die Sie inspirieren – vielleicht einem Tagebuch, in dem Sie Ihre Gedanken niederschreiben, Büchern, die Ihre Seele nähren, oder Kunstwerken, die Ihre Fantasie anregen. Diese kleinen Details können einen gewöhnlichen Raum in einen heiligen Rückzugsort verwandeln.

Für manche bedeutet ein Winterurlaubsort vielleicht auch eine Verbindung zur Natur. Ein Ort, an dem Sie auf die Bäume blicken, den Schneefall beobachten oder einfach die kühle Luft auf Ihrer Haut spüren können, kann unglaublich erdend sein. Die Natur erinnert uns auf eine Weise an die Schönheit der Stille, die Anmut des Loslassens und das Versprechen der Erneuerung.

Grenzen mit der Welt setzen

Um einen persönlichen Winterzufluchtsort zu schaffen, müssen Sie auch Grenzen gegenüber der Welt um Sie herum setzen. Um den vollen Nutzen aus der Einsamkeit zu ziehen, müssen wir uns die Erlaubnis geben, Nein zu sagen – zu Aktivitäten, Verpflichtungen und sogar gesellschaftlichen Ereignissen, die uns Energie rauben. Nein zu sagen bedeutet nicht, die Welt abzulehnen; Es geht darum, unserem Bedürfnis nach ruhiger Zeit nachzukommen.

Grenzen sind wichtig, weil sie es Ihnen ermöglichen, Ihr Wohlbefinden ohne Schuldgefühle in den Vordergrund zu stellen. Sie senden eine Botschaft – an Sie selbst und an andere –, dass Ihre Zeit und Energie wertvoll sind. Indem Sie Grenzen setzen, schaffen Sie den Raum, den Sie brauchen, um wirklich auszuruhen, nachzudenken und neue Kraft zu tanken.

Grenzen könnten darin bestehen, bestimmte Tageszeiten als „ruhige Stunden" festzulegen, Benachrichtigungen auszuschalten oder Ihre Lieben wissen zu lassen, dass Sie etwas ununterbrochene Zeit für sich selbst brauchen. Welche Form sie auch immer annehmen, diese Grenzen sind Akte der Selbstachtung und Selbstfürsorge.

Das Ritual der Einsamkeit ehren

Ein persönlicher Winterzufluchtsort ist nicht nur ein Ort; es ist ein Ritual. Es geht darum, konsequent für sich selbst zu zeigen und Ihr Bedürfnis nach Ruhe und Besinnung in den Vordergrund zu stellen. Machen Sie den Besuch Ihres Heiligtums zu einer regelmäßigen Praxis, sei es für ein paar Minuten am Tag oder für einen längeren Rückzug einmal pro Woche. Nutzen Sie diese Zeit, um zu meditieren,

Tagebuch zu schreiben, zu lesen oder einfach still zu sitzen. Lassen Sie es eine Zeit der Wiederherstellung sein, eine Zeit, in der Sie sich wieder mit Ihrer Seele verbinden können.

Indem Sie Ihr Heiligtum schaffen und ehren, geben Sie sich die Erlaubnis, ohne Schuldgefühle zu ruhen. Sie erinnern sich daran, dass Selbstfürsorge nicht egoistisch ist – sie ist unerlässlich. Und wenn Sie Ihre innere Welt pflegen, werden Sie feststellen, dass Sie der Außenwelt mehr zu geben haben.

Reflexion als Werkzeug für Wachstum

Die Einsamkeit bietet uns mehr als nur einen Moment des Friedens – sie bietet uns die Möglichkeit zum Nachdenken. In diesen ruhigen Momenten können wir nach innen schauen und uns einige der wichtigsten Fragen des Lebens stellen:

- Wie bin ich im letzten Jahr gewachsen?

- Welche Lektionen habe ich gelernt, die ich weitertragen muss?

- Welche Teile von mir muss ich heilen?

- Welche neuen Möglichkeiten erwarten mich, wenn ich jetzt die Stille und Besinnung annehme?

Beim Nachdenken geht es nicht darum, über vergangene Fehler oder Bedauern nachzudenken; Es geht darum, zu verstehen, wo wir waren, damit wir zielstrebig vorankommen können. Es geht darum, einen Schritt zurückzutreten und uns die Zeit zu geben, unsere Erfahrungen, unsere Gefühle und unsere Gedanken zu integrieren. Nur durch diesen tiefen, introspektiven Prozess können wir verstehen, was uns wirklich wichtig ist und was wir loslassen müssen.

Das ist nicht immer eine leichte Arbeit. Es erfordert Verletzlichkeit, Ehrlichkeit und die Bereitschaft, sich der Wahrheit darüber zu stellen, wer wir sind. Aber durch Reflexion können wir heilen, alte

Geschichten loslassen und mit größerer Klarheit und Zielstrebigkeit in ein neues Kapitel eintreten.

In der Stille des Winters können wir eine Wiedergeburt erleben – eine Erneuerung dessen, wer wir sind. Einsamkeit und Besinnung geben uns die Zeit, alte Häute abzuwerfen, so wie ein Baum im Herbst seine Blätter abwirft. In dieser heiligen Zeit entdecken wir eine tiefere Verbindung zu uns selbst und unserer Wahrheit. Wir lassen den äußeren Lärm und den Druck der Welt los und hören auf unsere innere Stimme.

Wenn wir aus unserem Winterschlaf erwachen, tun wir dies mit größerer Klarheit, größerer Zielstrebigkeit und einem größeren Gefühl des Friedens. Die Stille hat uns die Kraft gegeben, uns wieder auf das Wesentliche zu konzentrieren. Wir sind dem Ruf des Winters gefolgt und haben uns den Raum gegeben, zu heilen, nachzudenken und uns zu regenerieren.

Indem wir Einsamkeit und Besinnung in den Vordergrund stellen, schaffen wir die Voraussetzungen für unser eigenes Wachstum und unsere eigene Erneuerung. Wir lernen, uns selbst stärker zu vertrauen, unsere eigenen Bedürfnisse zu respektieren und auf die Weisheit zu hören, die entsteht, wenn wir uns erlauben, einfach zu sein. Und indem wir das tun, erholen wir uns nicht nur selbst, sondern finden auch den Mut, wieder mutig in die Welt einzutreten, in dem Wissen, dass wir mit unserem wahren Selbst im Einklang sind.

KAPITEL 5
Lehren aus der Natur

Der Winter mit all seinen Herausforderungen und seiner Schönheit ist eine Zeit tiefer Weisheit. Indem wir seine Lehren annehmen, lernen wir, unsere eigenen Winter mit Anmut, Mut und Hoffnung zu meistern, in dem Wissen, dass selbst die kälteste Jahreszeit Erneuerung verspricht.

Sich an Veränderungen anpassen wie die Tierwelt im Winter

Die Natur ist einer der großartigsten Lehrer, und nur wenige Lektionen sind so tiefgründig wie die, die im Winter angeboten werden. Insbesondere die Tierwelt bietet eine Meisterklasse in Sachen Widerstandsfähigkeit, Anpassung und Überleben. Von den kleinsten Lebewesen bis hin zu den majestätischsten Tieren zeigt die Tierwelt im Winter, wie man Veränderungen annimmt und unter schwierigen Bedingungen gedeiht. Ihre Fähigkeit, sich an die harten Realitäten der Jahreszeit anzupassen, kann uns dazu inspirieren, unser eigenes Leben mit Anmut, Mut und Einfallsreichtum zu meistern.

Die Tierwelt im Winter kann der Kälte nicht widerstehen; es passt sich an. Bären ziehen sich in den Winterschlaf zurück und sparen so Energie für die kommenden Monate. Vögel ziehen in wärmere Klimazonen und suchen Zuflucht, wo sie gedeihen können. Sogar Pflanzen ziehen ihre Energie zurück und konzentrieren sich eher auf die Wurzeln als auf die Blüten. Jede Bewegung in der Natur im Winter ist zielgerichtet, strategisch und absichtlich – es gibt keine Verschwendung, keine Panik, nur stille Widerstandsfähigkeit.

Lernen, sich anmutig anzupassen

Als Menschen wehren wir uns oft gegen Veränderungen. Wir kämpfen gegen die schwierigen Zeiten in unserem Leben und klammern uns an das Vertraute, auch wenn es uns nicht mehr dient. Aber die Natur lehrt uns, dass Veränderungen unvermeidlich sind und der Schlüssel zum Überleben – und zum Wachstum – Anpassung ist.

Wie Tiere, die sich auf den Winter vorbereiten, müssen wir lernen, unsere Gewohnheiten und Denkweise an die Herausforderungen des Lebens anzupassen. Das kann bedeuten, langsamer zu werden, Energie zu sparen oder Dinge loszulassen, die unserem Leben keinen Wert mehr verleihen. Es könnte bedeuten, dass wir neue Routinen einführen, die besser zu unseren aktuellen Umständen passen, so wie sich die Tierwelt an kürzere Tage und kältere Temperaturen gewöhnt.

Sich anzupassen bedeutet nicht aufzugeben; es bedeutet Neukalibrierung. Es ist eine Form der Weisheit, eine Erkenntnis, dass manche Jahreszeiten unterschiedliche Strategien erfordern. So wie beispielsweise Vögel instinktiv wissen, wann sie ihre Nester in wärmere Regionen verlassen müssen, müssen auch wir auf die Signale in unserem Leben hören. Es geht darum anzuerkennen, dass das, was gestern funktioniert hat, heute möglicherweise nicht funktioniert, und das ist in Ordnung. Ob es darum geht, den Beruf zu wechseln, Beziehungen zu beenden, die uns nicht mehr dienen, oder unsere Ziele zu überdenken – Anpassungsfähigkeit ermöglicht es uns, auch angesichts der Unsicherheit erfolgreich zu sein. Es erfordert Mut, bringt aber auch Wachstum.

Die Widerstandsfähigkeit der Winterwildtiere

Einer der bemerkenswertesten Aspekte der Wintertierwelt ist ihre Weitsicht. Tiere wie Eichhörnchen beispielsweise verbringen die wärmeren Monate damit, Nahrung zu sammeln und aufzubewahren, um sicherzustellen, dass sie genügend Nahrung haben, wenn die Ressourcen knapp werden. Füchse haben ein dickeres Fell, um sich vor der beißenden Kälte zu schützen. Bären fressen vor dem Winterschlaf große Mengen an Nahrung, um Fettreserven aufzubauen, sodass sie auch in den härtesten Monaten schlafen können, ohne nach Nahrung suchen zu müssen. Diese vorausschauenden Maßnahmen erinnern uns daran, wie wichtig es ist, proaktiv und nicht reaktiv zu sein.

Herausforderungen wie der Winter sind oft unvermeidlich. Finanzielle Schwierigkeiten, emotionale Rückschläge oder sogar Veränderungen in unseren Beziehungen können dazu führen, dass wir uns unsicher fühlen. Indem wir uns Vorbereitungsgewohnheiten aneignen – sei es das Sparen von Geld, die Investition in unser geistiges Wohlbefinden oder die Pflege starker Unterstützungsnetzwerke – bereiten wir uns darauf vor, diese Zeiten mit weniger Angst und mehr Selbstvertrauen zu meistern. Die Herausforderungen des Lebens kommen oft ohne Vorwarnung, aber die Gewohnheiten und Systeme, die wir uns in ruhigeren Jahreszeiten aneignen, können uns helfen, wenn der Sturm kommt.

Die Vorbereitung muss nicht überwältigend sein. Es kann so einfach sein wie die Kultivierung emotionaler Belastbarkeit, die Pflege unterstützender Beziehungen oder der Aufbau von Routinen, die das geistige und körperliche Wohlbefinden fördern. Wenn wir uns vorbereiten, sind wir besser auf die Unvorhersehbarkeit des Lebens vorbereitet, so wie sich Tiere auf die harten Realitäten des Winters vorbereiten.

Die Kraft der Erhaltung

Im Winter sparen viele Tiere Energie, indem sie ihre Aktivität verlangsamen. Bären halten Winterschlaf und reduzieren ihren Stoffwechsel, um die in ihrem Körper gespeicherte Energie zu erhalten. Hirsche und Füchse bewegen sich seltener und konzentrieren sich nur auf wesentliche Aufgaben, um sicherzustellen, dass sie keine wertvolle Energie verschwenden.

Dieser Schutz spiegelt wider, was wir angesichts der Herausforderungen des Lebens tun sollten. Anstatt uns an den Rand zu drängen, müssen wir lernen, langsamer zu werden und uns auf das Wesentliche zu konzentrieren. Das könnte bedeuten, dass wir unsere Verpflichtungen reduzieren, Nein zu Verpflichtungen sagen, die uns belasten, oder dass wir der Ruhe den Vorrang vor unnachgiebigem Handeln geben. Indem wir unsere Energie sparen, ermöglichen wir es uns, schwierige Jahreszeiten zu überstehen, ohne auszubrennen. Es ist eine Erinnerung daran, dass es manchmal der wirkungsvollste Akt der Selbsterhaltung ist, weniger zu tun.

Die Zyklen von Wachstum und Ruhe

Die Natur arbeitet in Zyklen, und nirgendwo wird dies deutlicher als im Rhythmus von Wachstum und Ruhe. Während Frühling und Sommer Jahreszeiten des sichtbaren Aufblühens sind, ist der Winter eine Zeit der stillen Vorbereitung und Wiederherstellung. Unter der schneebedeckten Erde ruhen Samen und speichern Energie für die Blüten des Frühlings. Um Ressourcen zu schonen, werfen Bäume ihre Blätter ab und leiten ihre Energie an die Wurzeln weiter.

Dieser natürliche Zyklus von Wachstum und Ruhe erinnert daran, dass Ruhe nicht das Fehlen von Fortschritt bedeutet; es ist ein wesentlicher Teil des Prozesses. Das Verstehen und Annehmen dieser Zyklen in unserem eigenen Leben kann uns helfen, Phasen der Stille mit größerer Geduld und Zielstrebigkeit zu meistern.

Erkennen der Notwendigkeit der Ruhephase

Als Menschen verspüren wir oft das Bedürfnis, ständig in Bewegung zu sein. Wir setzen Stille mit Stillstand und Ruhe mit Faulheit gleich. Aber die Zyklen der Natur zeigen uns, dass Wachstum ohne Ruhephasen nicht aufrechterhalten werden kann. In der Natur ist die Ruhezeit eine Zeit ruhiger, aber dennoch wichtiger Aktivität. Die Wurzeln vertiefen sich, die Samen werden stärker und die Ökosysteme bereiten sich auf den Energieschub vor, den der Frühling bringen wird. Ohne diese Phase der Wiederherstellung wäre das Wachstum nicht nachhaltig.

In unserem eigenen Leben könnte Ruhe so aussehen, als ob wir eine Pause von einem anspruchsvollen Projekt machen, uns von einer toxischen Beziehung zurückziehen oder uns einfach Zeit zum Verarbeiten und Nachdenken gönnen. Es ist kein Scheitern des Fortschritts; Es ist ein wesentlicher Teil des Wachstumsprozesses. Wenn wir diese Ruhephasen würdigen, geben wir uns den Raum, zu heilen, neue Kraft zu tanken und Klarheit über unsere nächsten Schritte zu gewinnen.

Ruhe ist kein Misserfolg; es ist eine Strategie. Es ist die Art und Weise des Körpers und des Geistes, Ressourcen zu schonen und sich nach innen zurückzuziehen, um Kraft für die nächste Wachstumssaison zu sammeln.

Wachstum ist ein Zyklus, keine gerade Linie

Die Schönheit der Zyklen der Natur liegt in ihrem Rhythmus. Wachstum ist niemals eine gerade Linie; es ist eine Reihe von Höhen und Tiefen. Die Wachstums- und Ruhezyklen sind nicht nur biologischer Natur; Sie sind auch emotional, spirituell und psychologisch. Es wird Zeiten in unserem Leben geben, in denen wir uns voller Energie und Energie fühlen, bereit, Herausforderungen anzunehmen und unsere Ziele zu erreichen. Aber es wird auch Zeiten geben, in denen wir uns müde, unmotiviert oder unsicher fühlen. Beides ist natürlich und beides ist notwendig. Es gibt Momente des Aufblühens, in denen sich alles im Einklang anfühlt, und dann gibt es Momente des stillen Rückzugs, in denen Wachstum ungesehen geschieht. Der Winter erinnert uns daran, dass diese ruhigeren Jahreszeiten nicht leer sind – sie stecken voller Potenzial.

Wenn wir diese Rhythmen annehmen, befreien wir uns von dem Druck, ständig produktiv zu sein. Wir erlauben uns, mit dem Leben zu fließen, anstatt dagegen anzukämpfen. Das bedeutet nicht, dass wir uns mit der Untätigkeit abfinden; Es bedeutet zu verstehen, dass jede Jahreszeit ihren Zweck hat. Die ruhigen Momente des Winters bereiten uns auf die pulsierende Energie des Frühlings vor, ebenso wie Momente der Besinnung uns auf das Handeln vorbereiten. Aber so wie ein Baum nicht mitten im Winter zu blühen beginnt, müssen auch wir den Zeitpunkt unseres eigenen Wachstums respektieren. Dem Kreislauf zu vertrauen bedeutet anzuerkennen, dass Ruhe und Besinnung ebenso wichtig sind wie Handeln und Erfolg.

Die Geduld der Natur

Eine der tiefgreifendsten Lektionen der Natur ist Geduld. Die Zyklen von Wachstum und Ruhe brauchen Zeit und man darf sie nicht überstürzen. Ein Samen keimt nicht über Nacht und ein Baum erreicht seine volle Höhe nicht in einem einzigen Jahr. Diese Geduld ist eine starke Erinnerung daran, dass auch wir uns Zeit geben müssen, um zu wachsen. Ungeduld führt uns oft dazu, Fortschritte zu erzwingen, aber die Natur lehrt uns, dass sich alles zu seiner Zeit entfaltet. Ein Samen, der heute gepflanzt wird, wird morgen keine Früchte tragen – er erfordert Sorgfalt, Geduld und die richtigen Bedingungen, um zu gedeihen.

Dem Timing des Wachstums zu vertrauen bedeutet zu akzeptieren, dass Fortschritte nicht immer sichtbar sind. Es wird Zeiten geben, in denen man das Gefühl hat, dass nichts passiert, aber unter der Oberfläche findet eine Transformation statt. Diese ruhigen Jahreszeiten sind genauso wichtig wie die aktiven, denn sie legen den Grundstein für den zukünftigen Erfolg.

Geduld ermöglicht es uns, im Moment präsent zu bleiben und die kleinen, stillen Siege zu schätzen, die oft unbemerkt bleiben. Es erinnert uns daran, dass der Fortschritt, selbst wenn er langsam oder unsichtbar erscheint, immer noch unter der Oberfläche geschieht. So wie der Winter die Erde auf den Frühling vorbereitet, bereiten uns die ruhigen Jahreszeiten unseres Lebens auf die bevorstehenden Momente der Blüte vor.

Die Weisheit der Natur auf unser Leben anwenden

Die Anpassung an Veränderungen wie die Tierwelt im Winter und die Einhaltung der Wachstums- und Ruhezyklen sind keine abstrakten Ideen – es sind Praktiken, die wir in unser tägliches Leben integrieren können. Indem wir die Natur beobachten und von ihr lernen, gewinnen wir ein tieferes Verständnis für uns selbst und die Rhythmen, die unsere Existenz bestimmen. Sie erinnern uns daran:

Sich an Veränderungen anpassen: Seien Sie flexibel und flexibel und wissen Sie, dass jede Herausforderung eine Chance für Wachstum ist. Finden Sie wie Zugvögel oder überwinternde Bären die Strategien, die Ihr Wohlbefinden in schwierigen Jahreszeiten am besten unterstützen

Bereiten Sie sich auf Schwierigkeiten vor: Bauen Sie Gewohnheiten und Systeme auf, die Ihr Wohlbefinden unterstützen, damit Sie für die unvermeidlichen Stürme gewappnet sind. Ergreifen Sie proaktive Maßnahmen, um emotionale und praktische Belastbarkeit aufzubauen.

Erhaltung: Lernen Sie, Ihre Energie auf das Wesentliche zu konzentrieren und Aufgaben oder Verpflichtungen loszulassen, die Sie unnötig belasten.

Ruhe: Erkennen Sie, dass Ruhe nicht das Fehlen von Wachstum bedeutet, sondern ein wesentlicher Teil davon. Ehren Sie die Zeiten, in denen das Leben Sie zum Innehalten, Nachdenken und Wiederherstellen ruft.

Übe dich in Geduld: Vertrauen Sie dem Timing Ihres Lebens und wissen Sie, dass jede Jahreszeit ihren Zweck hat.

Der Winter mag sich kalt und unnachgiebig anfühlen, aber er ist auch eine Zeit des Wandels. Unter der Oberfläche blüht das Leben immer noch, wächst immer noch und bereitet sich immer noch auf den Energieschub vor, den der Frühling bringen wird. Indem wir die Natur beobachten und von ihr lernen, können wir die Kraft finden, unsere eigenen Winter mit Belastbarkeit, Hoffnung und Anmut zu meistern.

KAPITEL 6
Ernährung im Winter

Der Winter, ob in der Natur oder in metaphorischen Jahreszeiten des Lebens, ruft uns dazu auf, uns nach innen zu wenden, nachzudenken und neue Kraft zu tanken. Doch in diesen kälteren, ruhigeren Zeiten wird Nahrung unerlässlich – nicht nur zum Überleben, sondern auch zum Gedeihen. Um den Winter mit Belastbarkeit und Anmut zu meistern, müssen wir uns um unsere emotionalen und körperlichen Bedürfnisse kümmern und gleichzeitig Geist, Körper und Seele ernähren. Unser seriöser Ernährungsansatz sorgt für Wärme und Nahrung, selbst in der frostigsten Jahreszeit.

Sich um emotionale und körperliche Bedürfnisse kümmern

Im Winter befinden wir uns oft in einer Phase der Selbstbeobachtung. Während diese Einsamkeit erholsam sein kann, kann sie auch Schwachstellen offenbaren – Momente der Einsamkeit, des Zweifels oder der Müdigkeit. Sich um diese emotionalen und körperlichen Bedürfnisse zu kümmern, ist kein Genuss, sondern eine Notwendigkeit. Es ist ein Akt des Selbstmitgefühls und der Selbsterhaltung.

1. Emotionale Wärme erzeugen

Der Winter kann sich mit seinen kargen Landschaften und stillen Pausen einsam anfühlen und spiegelt die Einsamkeit oder Melancholie wider, mit der wir manchmal in unserem Innenleben konfrontiert sind. Emotionale Wärme ist unerlässlich, um diese

Gefühle zu bekämpfen und ein Gefühl von Sicherheit und Verbundenheit zu fördern.

Aufbau von Verbindungen: Emotionale Wärme entsteht oft aus Beziehungen, die Verständnis und Unterstützung bieten. Die Kontaktaufnahme mit einem vertrauenswürdigen Freund, Partner oder Familienmitglied für ein bedeutungsvolles Gespräch kann Balsam für die Seele sein. Das Teilen Ihrer Schwachstellen und das Anhören ihrer Schwachstellen fördert ein gegenseitiges Zugehörigkeitsgefühl, das die Isolation auflöst.

Selbstmitgefühlspraktiken: Manchmal muss emotionale Wärme von innen kommen. Wenn Sie Selbstmitgefühl üben, indem Sie in schwierigen Zeiten freundlich zu sich selbst sprechen oder Ihre Bemühungen mit Anmut anerkennen, können Sie die härtesten emotionalen Winter mildern.

Wohlfühlrituale schaffen: Das Anzünden einer Lieblingskerze, das Einhüllen in eine weiche Decke oder das Ansehen eines beruhigenden Films können eine Atmosphäre der Wärme und Vertrautheit schaffen. Auch wenn diese Rituale klein sind, können sie Ihnen Momente des Friedens bescheren.

Es ist wichtig, sich den Raum zum Fühlen zu gönnen. Winterliche Jahreszeiten wecken oft Gefühle, die zwar unangenehm sind, aber verarbeitet werden müssen. Tränen können so reinigend sein wie ein Frühlingsregen und den Weg für Erneuerung ebnen. Erinnern Sie sich daran, dass selbst die schwersten Gefühle vorübergehend sind, ähnlich wie die Jahreszeit selbst.

2. Auf die Bedürfnisse des Körpers hören

Unser Körper ist ein unglaublicher Geschichtenerzähler, der ständig signalisiert, was er braucht. Im Winter des Lebens verstärken sich diese Signale oft und fordern uns auf, langsamer zu werden, uns auszuruhen oder uns neu zu kalibrieren.

Balance zwischen Ruhe und Aktivität: Der Winter erfordert ein empfindliches Gleichgewicht. Während Ruhe wichtig ist, ist Bewegung auch wichtig. Sanfte Aktivitäten wie Stretching, Yoga oder sogar Spazierengehen können den Körper beleben, ohne die Energiereserven zu erschöpfen. Diese Maßnahmen verbessern die Durchblutung, heben Ihre Stimmung und helfen Ihnen, sich stärker mit Ihrem physischen Selbst verbunden zu fühlen.

Im Winter wird die Nahrung zu einem weiteren Eckpfeiler der körperlichen Ernährung. So wie Tiere auf gespeicherte Nährstoffe angewiesen sind, können auch wir uns auf herzhafte und stärkende Mahlzeiten konzentrieren. Warme Suppen, Gemüse der Saison und langsam gegarte Gerichte bieten nicht nur Nahrung, sondern auch Komfort. Behandeln Sie die Mahlzeiten als heilige Momente – eine Pause, um nicht nur Ihren Körper, sondern auch Ihre Seele zu nähren.

3. Emotionale Belastbarkeit kultivieren

Widrigkeiten im Winter des Lebens können unsere emotionale Widerstandsfähigkeit auf die Probe stellen. Belastbarkeit ist keine feste Eigenschaft, sondern eine Fähigkeit, die wir insbesondere in herausfordernden Zeiten entwickeln. Indem wir es bewusst kultivieren, können wir den Wintern des Lebens mit größerer Kraft und Perspektive begegnen.

Dankbarkeit üben: Dankbarkeit ist transformativ. Wenn Sie sich jeden Tag die Zeit nehmen, über selbst die kleinsten Segnungen nachzudenken – einen Sonnenstrahl, ein freundliches Wort oder eine warme Mahlzeit –, können Sie Ihren Fokus von den Schwierigkeiten des Winters auf seine stillen Geschenke lenken.

Achtsamkeit und Meditation: Achtsamkeitsübungen bringen Sie in den gegenwärtigen Moment, in dem die Last des Bedauerns oder der

Angst oft nachlässt. Geführte Meditationen, Atemübungen oder einfach das Beobachten des Atemrhythmus können Sie erden und zur Ruhe bringen.

Emotionale Erfahrungen protokollieren: Schreiben kann eine kathartische Möglichkeit sein, Emotionen zu verarbeiten. Indem Sie den Stift auf Papier bringen, lassen Sie Ihre Gefühle an die Oberfläche kommen und finden Klarheit im Chaos.

Bei Resilienz geht es nicht darum, unbesiegbar zu sein; Es geht darum, die innere Stärke zu fördern, um Stürmen zu trotzen. Jeder kleine Akt der Selbstfürsorge, sei es das Anzünden einer Kerze an einem ruhigen Abend oder ein einsamer Spaziergang an der frischen Luft, trägt zu dieser Widerstandsfähigkeit bei.

Den Geist, den Körper und die Seele nähren

Wahre Ernährung geht über die Befriedigung unserer körperlichen Bedürfnisse hinaus. Es geht darum, unser gesamtes Wesen zu ernähren – Geist, Körper und Seele. Dieser integrierte Ansatz stellt sicher, dass alle Facetten von uns selbst während der Herausforderungen des Winters versorgt werden.

1. Den Geist nähren

Der Winter ist eine wunderbare Zeit, um Ihren Intellekt zu stärken. Das langsamere Tempo des Winters bietet eine einzigartige Gelegenheit, sich auf eine Weise mit dem Geist auseinanderzusetzen, die in der geschäftigeren Jahreszeit vielleicht unmöglich erscheint.

- **Wissen erforschen:** Tauchen Sie ein in Bücher, Vorträge oder Kurse, die Ihre Neugier wecken. Der Winter lädt zur Selbstbeobachtung ein, und wie könnte man die Stille besser füllen, als indem man sein Verständnis der Welt oder sich selbst erweitert? Wählen Sie Materialien, die inspirieren und erheben und Ihrer inneren Landschaft Reichtum verleihen.

- **Geistige Unordnung beseitigen:** Der Winter ist auch eine Zeit des geistigen Entrümpelns. Lassen Sie Gedanken los, die Ihnen nicht mehr dienen – seien es Ängste, Zweifel oder veraltete Überzeugungen. Tagebuch schreiben, meditieren oder einfach nur seinen Gedanken nachhängen kann Ihnen dabei helfen, loszulassen, was Sie belastet.

- **Engagement in kreativen Outlets:** Kreativität ist Nahrung für den Geist. Ob Malen, Schreiben, Kochen oder Lösen von Rätseln – kreative Aktivitäten regen den Geist an und bereiten Freude.

  Indem Sie Achtsamkeit üben und sich auf die Gegenwart konzentrieren, schaffen Sie mentalen Raum für Klarheit und Inspiration.

2. Den Körper pflegen

Der Körper ist Ihr Fundament, und wenn er gepflegt wird, wird er in den Wintern des Lebens zu einer Quelle der Kraft und Stabilität.

- **Körperliche Ernährung:** Priorisieren Sie Lebensmittel, die Ihnen Energie spenden und Sie trösten. Saisonale Produkte, warme Tees und feuchtigkeitsspendende Suppen nähren nicht nur den Körper, sondern auch die Sinne. Behandeln Sie Mahlzeiten als heilige Taten und nehmen Sie sich Zeit, sie in vollen Zügen zu genießen.

- **Rhythmen hören:** Respektieren Sie die natürlichen Zyklen Ihres Körpers. Wenn Sie sich müde fühlen, gönnen Sie sich eine Pause. Wenn Sie sich energiegeladen fühlen, kanalisieren Sie diese in Aktivitäten, die Ihnen Freude bereiten. Indem Sie auf die Signale Ihres Körpers hören und darauf reagieren, bauen Sie ein Vertrauensverhältnis zu sich selbst auf.

Da der Körper unser Lebensgefährte ist, ist eine sorgfältige Pflege im Winter unerlässlich. Dies ist die Zeit, genau zu hören, was Ihr Körper begehrt. Priorisieren Sie Routinen, die für Ausgeglichenheit sorgen, wie z. B. gleichmäßige Schlafmuster, Flüssigkeitszufuhr und Momente der Stille.

Der Winter verlangt auch nach einfachen Genüssen. Ein warmes Bad mit beruhigenden Salzen, eine weiche Decke über die Schultern oder das Ritual, heißen Tee zu trinken, können transformierende Pflegemaßnahmen sein. Diese Momente verankern uns in unserer Körperlichkeit und bieten gleichzeitig Erholung von der kalten Realität der Winter.

3. Den Geist bereichern

Den Geist zu nähren ist vielleicht die tiefgreifendste Form der Ernährung im Winter. Dies kann bedeuten, dass Sie sich wieder mit Ihrem Glauben verbinden, Ihrer Kreativität freien Lauf lassen oder sich auf Praktiken einlassen, die Ihrem Leben Freude und Sinn verleihen.

- **Sich an Ritualen beteiligen:** Rituale, egal wie klein, erden den Geist. Wenn Sie eine Kerze anzünden, während Sie sich ein Ziel für den Tag setzen, oder sich einen Moment Zeit nehmen, um vor dem Schlafengehen tief durchzuatmen, kann dies ein Gefühl von Frieden und Zielstrebigkeit hervorrufen.

- **Ich suche Verbindung:** Spirituelle Nahrung entsteht oft durch Verbindung – sei es mit der Natur, geliebten Menschen oder einer höheren Macht. Machen Sie Spaziergänge an der frischen Luft, führen Sie bedeutungsvolle Gespräche oder meditieren Sie, um ein Gefühl der Zugehörigkeit zu finden. Verbundenheit ist auch ein kraftvoller Balsam für die Seele – egal, ob es darum geht, die Beziehungen zu geliebten Menschen zu vertiefen oder einfach nur Zeit in der eigenen Gesellschaft zu verbringen.

- **Freude an der Kreativität finden:** Kreative Handlungen können auch zutiefst spirituell sein. Malen, Singen oder Schreiben nähren nicht nur die Seele, sondern ermöglichen es Ihnen, ihr Wesen auszudrücken. Diese Momente der Schöpfung bringen Sie Ihrem authentischen Selbst näher.

Das Geschenk ganzheitlicher Ernährung

Bei der Ernährung im Winter geht es nicht nur ums Überleben; Es geht darum, auch in den kältesten Jahreszeiten die Voraussetzungen für Wachstum zu schaffen. Sich um emotionale und körperliche Bedürfnisse zu kümmern und gleichzeitig Geist, Körper und Seele zu nähren, ist ein Akt der Wiederherstellung der Ganzheit. Die Winter des Lebens mögen uns entblößen, aber sie erinnern uns auch daran, worauf es wirklich ankommt. Durch bewusste Fürsorge können Sie aus diesen Jahreszeiten nicht nur unversehrt, sondern auch revitalisiert hervorgehen und die in der Stille gewonnenen Erkenntnisse und Kraft weitertragen.

Fragen Sie sich beim Navigieren durch Ihre eigenen Winter: Was brauche ich, um mich ganz zu fühlen?

Die Antwort wird Sie zu Praktiken und Gewohnheiten führen, die
Ihnen Halt geben. Der Winter ist nicht nur eine Jahreszeit zum
Ausharren; Es ist eine Jahreszeit zum Umarmen, die uns
Möglichkeiten zum Nachdenken, zur Wiederherstellung und die tiefe
Nahrung bietet, die uns auf den bevorstehenden Frühling vorbereitet.

KAPITEL 7

Gemeinschaft in der Kälte

Der Winter offenbart in seiner ganzen Härte, worauf es wirklich ankommt. Während sich die Welt verlangsamt und die Kälte Einzug hält, werden wir daran erinnert, dass das Überleben – sowohl im wörtlichen als auch im emotionalen Sinne – selten ein einsamer Akt ist. In den Wintern des Lebens, diesen unvermeidlichen Zeiten der Not und des Verlusts, sind es unsere Verbindungen zu anderen, die uns am Leben bleiben. Die Wärme der Gemeinschaft bietet wie ein glühender Kamin Zuflucht vor der Kälte. Doch diese Wärme zu suchen und zu fördern erfordert Mut und Absicht. Es erfordert, dass wir unsere Verletzlichkeit annehmen, uns auf Rituale einlassen, die uns binden, und erkennen, dass wir selbst in unseren dunkelsten Zeiten nicht allein sind. Dieses Kapitel ist eine Einladung, die Möglichkeiten zu erkunden, wie wir in der Kälte Gemeinschaft finden und schaffen können, und die tiefe Kraft und den Trost zu entdecken, die aus dem Zusammensein entstehen.

Die Bedeutung der Verbindung in schwierigen Zeiten

Schwierige Zeiten schränken unseren Fokus ein. Wenn wir vor Herausforderungen stehen – sei es Trauer, Einsamkeit oder das Gefühl, verloren zu sein –, ist es leicht zu glauben, dass wir die Last alleine tragen müssen. Die Gesellschaft verherrlicht Unabhängigkeit oft als Stärke, aber wahre Widerstandsfähigkeit entsteht durch Verbundenheit. Unsere Kämpfe mit anderen zu teilen, macht uns nicht schwach; es macht uns zutiefst menschlich.

Unser Bedürfnis nach Verbindung hat etwas Ursprüngliches und zutiefst Menschliches, besonders wenn das Leben kalt und unnachgiebig wird. Der Winter unseres Lebens – die Zeiten, die von Kampf, Trauer oder Isolation geprägt sind – kann uns leicht nach innen drängen und uns dazu verleiten, uns in uns selbst zurückzuziehen. Und obwohl die Einsamkeit ihren Zweck hat, ist es die Verbindung, die uns oft rettet. In diesen Zeiten wird die Gemeinschaft zu einer Lebensader, die einen Faden der Wärme durch die kalten Momente unseres Daseins webt.

Wenn sich das Leben hart anfühlt, besteht unser Instinkt möglicherweise darin, andere vor unserem Schmerz zu schützen. Aber diese Isolation kann die Verzweiflung, der wir entkommen wollen, noch verstärken. Wahre Stärke liegt nicht in der Fähigkeit, Stürme allein zu überstehen, sondern im Mut, die Hand auszustrecken und zuzugeben, dass wir Menschen und von Natur aus voneinander abhängig sind. Wenn wir unsere Lasten teilen, werden sie leichter, nicht nur, weil andere vielleicht beim Tragen helfen, sondern weil sie uns daran erinnern, dass wir nicht allein auf der Welt sind.

Die Verbindung gibt uns auch eine Perspektive. Wenn wir in schwierigen Zeiten mit anderen in Kontakt treten, geschieht etwas Außergewöhnliches. Der Schmerz wird leichter, wenn er geteilt wird, nicht weil er verschwindet, sondern weil er einen Zeugen findet. Dieser Zeuge – sei es ein enger Freund, ein Familienmitglied oder sogar ein mitfühlender Fremder – erinnert uns daran, dass wir mit unserem Leiden nicht allein sind. Ihre Anwesenheit verwandelt Isolation in Kameradschaft und ihr Verständnis ersetzt das Schweigen der Not durch die Wärme des Mitgefühls.

Wenn wir unsere Erfahrungen teilen, öffnen wir uns für neue Sichtweisen auf unsere Herausforderungen. Ein Freund könnte einen neuen Einblick bieten oder einfach die Bestätigung, dass er einen ähnlichen Weg gegangen ist und es geschafft hat. Diese Momente gemeinsamer Menschlichkeit erinnern uns daran, dass kein Kampf nur für eine Person gilt. Schmerz ist universell, ebenso wie die Fähigkeit zur Heilung durch Verbindung.

Bei Gemeinschaft geht es nicht nur um Nähe – es geht um Verbindung. Es ist der Freund, der die Müdigkeit in Ihrer Stimme bemerkt, der Nachbar, der ungefragt einen Laib warmes Brot vorbeibringt, oder die Gruppe, die sich um ein gemeinsames Ziel versammelt. Es ist die sanfte, unausgesprochene Verständigung zwischen zwei Menschen, die selbst Stürme überstanden haben. In der Gemeinschaft finden wir unseren Platz in einer größeren Geschichte, in der wir beide umsorgt werden und dazu berufen sind, für andere zu sorgen.

Ebenso wichtig ist das Zugehörigkeitsgefühl, das aus der Zugehörigkeit zu einer Gemeinschaft entsteht. Zugehörigkeit beseitigt die Not nicht, bietet aber eine Grundlage der Unterstützung, die uns stärkt. In der Gemeinschaft finden wir nicht nur Trost, sondern auch Sinn. Ganz gleich, ob es darum geht, jemand anderem zu helfen oder an unseren eigenen Wert erinnert zu werden, die Verbindung unterstreicht die Wahrheit, dass wir nie so allein sind, wie wir denken.

Die Verbindung in schwierigen Zeiten ist transformativ, weil sie die kalte, leere Stille durch ein kollektives Summen der Empathie ersetzt. Es erzeugt eine Wellenwirkung von Freundlichkeit, Empathie und Belastbarkeit, die weit über den unmittelbaren Moment hinausreicht. Es erinnert uns daran, dass der Winter nicht ewig dauert, und selbst wenn er sich länger hinzieht als erhofft, sind wir nie wirklich eingefroren und isoliert.

Winterrituale, die Bindungen stärken

Rituale haben eine fast magische Qualität. Sie verwandeln das Alltägliche in etwas Sinnvolles und schaffen Momente, die uns verankern, besonders in den kalten Jahreszeiten des Lebens. Der Winter lädt uns mit seiner Stille und Strenge dazu ein, langsamer zu werden und neue Kontakte zu knüpfen – nicht nur mit uns selbst, sondern auch mit denen, die uns am Herzen liegen. Rituale geben diesem Prozess einen Rhythmus und bieten Wärme, Trost und ein Zugehörigkeitsgefühl, wenn die Welt draußen hart wirkt.

In den dunkelsten Zeiten werden Rituale zu mehr als nur Traditionen; es sind Akte des Trotzes gegen die Verzweiflung. Sie erinnern uns daran, dass das Leben weitergeht, dass es immer noch Freude gibt und dass eine Verbindung – egal wie klein sie auch sein mag – die Kraft hat, zu heilen. Indem wir bewusste Praktiken entwickeln, können wir die Bindung zu unseren Lieben stärken, unser Gemeinschaftsgefühl vertiefen und bleibende Erinnerungen schaffen, die uns durch die Winter des Lebens tragen.

Sammeln rund um gemeinsame Erfahrungen

Es hat etwas zutiefst Trostvolles, sich bei gemeinsamen Erlebnissen zu sammeln. Ob es sich um eine Mahlzeit, eine Aktivität oder sogar einen ruhigen gemeinsamen Moment handelt, diese gemeinsamen Rituale fördern das Zusammengehörigkeitsgefühl. Stellen Sie sich eine Familie vor, die sich um einen knisternden Kamin zusammendrängt, heiße Kakao nippt und dabei Geschichten aus vergangenen Wintern erzählt. Obwohl diese Momente einfach sind, haben sie eine emotionale Bedeutung, die weit über ihre Oberfläche hinausgeht.

Mahlzeiten sind ein besonders kraftvolles Ritual. Das gemeinsame Kochen und Essen ist von Natur aus gemeinschaftlich. Das Zubereiten eines herzhaften Wintereintopfs, das Backen von frischem Brot oder sogar das gemeinsame Essen zum Mitnehmen an einem Tisch bringt Menschen einander näher. Die Wärme des Essens spiegelt die Wärme der Verbindung wider, und die Gespräche, die sich bei einem gemeinsamen Essen entfalten, vertiefen die Beziehungen oft auf eine Art und Weise, die sich mühelos anfühlt.

Gemeinsame Erlebnisse müssen nicht immer geplant sein. Spontane Momente, wie eine Schneeballschlacht im Garten oder ein spontanes Mitsingen beim Dekorieren für die Feiertage, können zu geschätzten

Ritualen werden, einfach weil sie geteilt werden. Der Schlüssel liegt in der Absicht – völlig präsent zu sein und die gemeinsam verbrachte Zeit wertzuschätzen.

Mit symbolischen Handlungen den Weg erhellen

Winterrituale beinhalten oft Elemente, die Hoffnung und Erneuerung symbolisieren, wie das Anzünden von Kerzen oder das Anzünden von Feuern. Diese kleinen Taten rufen eine tiefe emotionale Resonanz hervor, insbesondere in schwierigen Zeiten. Das Flackern einer Kerze kann als Erinnerung daran dienen, dass auch in der dunkelsten Jahreszeit das Licht anhält.

Die Integration dieser symbolischen Rituale in das tägliche Leben schafft ein Gefühl von Kontinuität und Trost. Manche Familien zünden zum Beispiel jeden Abend beim Abendessen eine Kerze an, um die vergangenen Tage zu würdigen und einen Moment der Achtsamkeit zu schaffen. Andere versammeln sich vielleicht in Decken gehüllt um eine Feuerstelle, um Geschichten auszutauschen oder einfach gemeinsam die knisternde Wärme zu genießen.

Bei diesen Ritualen geht es nicht nur um physisches Licht; es geht um emotionale Erleuchtung. Sie schaffen einen Raum für Reflexion, Dankbarkeit und Verbundenheit und erinnern uns daran, dass es auch in kalten Zeiten Funken der Freude gibt, die es zu nähren gilt.

Traditionen durch Kreativität aufbauen

Winterrituale sind auch eine Gelegenheit, der Kreativität freien Lauf zu lassen. Die Gestaltung von Aktivitäten, die Menschen zusammenbringen, fördert sowohl Verbindung als auch Freude. Diese Traditionen müssen nicht vererbt werden; Sie können völlig neu sein und auf die einzigartige Dynamik Ihrer Beziehungen zugeschnitten sein.

Beispielsweise sind das gemeinsame Basteln von Dekorationen, das Schreiben von Briefen an geliebte Menschen oder das Erstellen einer Winter-Playlist zum Teilen einfache, aber sinnvolle Möglichkeiten, Kontakte zu knüpfen. Familien können mit der Tradition beginnen, jeden Winter ein Puzzle zu bauen oder jede Staffel den gleichen Film anzusehen, was ein Gefühl der Vorfreude und Vertrautheit erzeugt.

Vor allem Kinder sind von diesen kreativen Ritualen begeistert. Das Backen von Keksen, das Basteln von Schneeengeln oder sogar der Bau einer Festung im Wohnzimmer können zu wertvollen Erinnerungen werden. Diese Aktivitäten stärken nicht nur die Bindung, sondern vermitteln den Kindern auch den Wert gemeinsamer Erfahrungen und helfen ihnen, die Tradition der Verbundenheit in ihr eigenes Leben zu tragen.

Raum schaffen für ruhiges Miteinander

Nicht alle Rituale müssen mit Aktivität gefüllt sein; Manchmal entstehen die tiefgreifendsten Verbindungen in der Stille. Der Winter eignet sich hervorragend für Momente stiller Zweisamkeit, bei denen die bloße Nähe zueinander ausreicht.

Stellen Sie sich vor, Sie sitzen mit einem Freund oder Partner zusammen, in Decken gehüllt, und beobachten, wie draußen lautlos Schnee fällt. Es bedarf keiner Worte, nur der gemeinsamen Präsenz und des gegenseitigen Verständnisses. Diese Momente stiller Zweisamkeit erinnern uns daran, dass es bei der Verbindung nicht immer ums Tun geht, sondern darum, präsent zu sein, offen zu sein und zusammen zu sein.

Auch im Winter kann Vorlesen ein wohltuendes Ritual sein. Ganz gleich, ob es sich um ein Gedicht, einen Roman oder eine Lieblingsgeschichte für Kinder handelt – der Akt des Teilens von Worten schafft eine innige Bindung. Dieses Ritual verbindet Generationen und bringt Eltern, Kinder und sogar Großeltern in einer gemeinsamen Erzählung zusammen, die über Alter und Erfahrung hinausgeht.

Förderung der Gemeinschaft durch integrative Rituale

Winterrituale sind nicht auf Familien oder enge Freunde beschränkt; Sie können sich auch auf die breitere Gemeinschaft erstrecken. Inklusive Praktiken bringen Nachbarn, Kollegen und Bekannte in einen Kreis der Wärme und fördern so ein Zugehörigkeitsgefühl, das in schwierigen Zeiten von entscheidender Bedeutung ist.

Gemeinsame Potlucks, Weihnachtslieder in der Nachbarschaft oder die Organisation einer Garderobenaktion sind alles Möglichkeiten, Rituale zu schaffen, die über den persönlichen Bereich hinausgehen. Diese Akte der Großzügigkeit und Inklusion stärken nicht nur die Bindungen zur Gemeinschaft, sondern erinnern uns auch daran, dass wir Teil von etwas sind, das größer ist als wir selbst.

Selbst kleine Gesten, wie das Einladen eines einsamen Nachbarn zum Tee oder das Teilen von Backwaren mit Kollegen, können zu Ritualen werden, die nach außen wirken. Sie schaffen Gelegenheiten zur Verbindung und zeigen anderen, dass sie in der Kälte nicht vergessen werden.

Die Kraft der Erinnerung und Kontinuität

Was Winterrituale so nachhaltig macht, ist die Art und Weise, wie sie sich in unsere Erinnerungen einbetten. Diese Traditionen werden Teil unserer persönlichen und kollektiven Geschichte und verankern uns in Momenten der Verbundenheit, die über die Zeit hinausgehen.

Ein Kind, das jeden Winter mit seiner Familie Kerzen anzündet, kann diese Praxis mit seinen eigenen Kindern fortsetzen. Eine über Jahre gemeinsamer Spaziergänge im Schnee gefestigte Freundschaft wird zu einer Quelle bleibender Stärke. Bei diesen Ritualen geht es nicht nur um die Gegenwart; Es geht darum, ein Vermächtnis der Verbundenheit zu schaffen, das weiterlebt und die Herzen noch lange nach dem Winter erwärmt.

Winterrituale sind mehr als saisonale Traditionen; Sie sind Akte der Liebe, der Widerstandsfähigkeit und des Trotzes gegen die Kälte. Sie erinnern uns daran, dass selbst in den härtesten Momenten des Lebens Schönheit in der Zweisamkeit, Wärme in gemeinsamen Erlebnissen und Stärke in den Bindungen steckt, die wir schaffen. Indem wir diese Rituale annehmen, überleben wir nicht nur den Winter – wir gedeihen in ihm und ebnen einen Weg der Verbindung, der uns durch jede Jahreszeit des Lebens trägt.

Es ist wichtig, sich daran zu erinnern, dass Rituale nicht vererbt werden müssen; sie können erfunden werden. In den kalten Monaten könnte eine Gruppe von Freunden einen Buchclub gründen, in dem sie nicht nur Literatur, sondern auch ihr Leben austauschen. Ein Elternteil und ein Kind backen möglicherweise jeden Winter die gleichen Kekse, eine Tradition, die auch dann fortgeführt wird, wenn das Kind erwachsen ist. Eine Gruppe von Nachbarn könnte ein Winter-Potluck veranstalten, bei dem jede Person zu einem Wandteppich aus Wärme beiträgt.

Diese Praktiken geben uns mehr als nur Momente – sie geben uns Erinnerung. Sie vermitteln ein Zugehörigkeitsgefühl und erinnern daran, dass selbst die dunkelsten Tage nicht ohne Licht sind.

Knüpfen Sie im eigenen Winter eine Verbindung

Der Aufbau einer Gemeinschaft in schwierigen Zeiten erfordert oft Verletzlichkeit und die Bereitschaft zu sagen: „Ich brauche dich." Auch wenn sich das unnatürlich anfühlt, sind es gerade diese Momente der Offenheit, in denen die stärksten Bindungen entstehen. Die Verletzlichkeit flüstert möglicherweise zu, dass es zu riskant sei, Kontakt aufzunehmen, oder dass niemand es verstehen würde. Aber wenn man sich diesem Unbehagen hingibt, beginnt die wahre Verbindung. Um während Ihres persönlichen Winters ein Gemeinschaftsgefühl zu schaffen, sind Zielstrebigkeit, Mut und die Bereitschaft, anderen gegenüber offen zu sein, erforderlich. Fragen Sie sich: Wen in meinem Leben kann ich erreichen, selbst auf die kleinste Weise? Wie kann ich Rituale schaffen, die die Verbindung fördern?

Fangen Sie klein an

Der Aufbau einer Verbindung erfordert keine großen Gesten. Oftmals können die kleinsten Schritte die größte Wirkung haben. Wenden Sie sich zunächst an jemanden, dem Sie vertrauen – einen Freund, ein Familienmitglied oder sogar einen Kollegen. Eine einfache SMS, ein Anruf oder eine Einladung zum Kaffee können die Tür zu tiefergehenden Gesprächen öffnen. Das Ziel besteht nicht darin, Ihre Probleme in einem Gespräch zu lösen, sondern den Prozess des Teilens und Gehörens einzuleiten.

Erwägen Sie auch die Teilnahme an gemeinsamen Aktivitäten, die Menschen auf natürliche Weise zusammenbringen. Durch die Teilnahme an einem Kurs, die Teilnahme an einer Gemeinschaftsveranstaltung oder die ehrenamtliche Mitarbeit für eine Sache, die Ihnen am Herzen liegt, können Sie Gelegenheiten zur Kontaktaufnahme schaffen. Diese Umgebungen bieten eine Umgebung mit geringem Druck, in der Beziehungen organisch wachsen können, einen kleinen Moment nach dem anderen.

Seien Sie offen für Verletzlichkeit

Um eine Verbindung herzustellen, muss man anderen erlauben, einen so zu sehen, wie man ist – ungeschliffen und echt. Verletzlichkeit mag sich unangenehm anfühlen, aber sie ist die Grundlage authentischer Beziehungen. Wenn Sie Ihre wahren Gefühle teilen, laden Sie andere dazu ein, dasselbe zu tun. In diesen rohen, unbewachten Momenten vertiefen sich die Bindungen.

Wenn es Ihnen zunächst zu schwer fällt, sich zu öffnen, teilen Sie zunächst kleine Teile Ihrer Geschichte mit. Mit zunehmendem Vertrauen wird es Ihnen nach und nach leichter fallen, andere hereinzulassen. Denken Sie daran: Verletzlichkeit ist kein Zeichen von Schwäche; Es ist ein Akt des Mutes, der den Weg für eine echte Verbindung ebnet.

Schaffen Sie Rituale der Gemeinsamkeit

Bei einer Verbindung geht es nicht nur darum, Kontakte zu knüpfen – es geht darum, Beziehungen langfristig aufrechtzuerhalten. Die Einführung von Ritualen kann dabei helfen, diese Bindungen zu stärken. Diese Rituale müssen nicht aufwändig sein. Vielleicht ist es ein wöchentliches Telefonat mit einem Freund, ein gemeinsamer Spaziergang mit einem Nachbarn oder ein monatliches Treffen mit geliebten Menschen. Diese Praktiken schaffen ein Gefühl für Rhythmus und Beständigkeit, das die Beziehungen auch in den Stürmen des Lebens stärkt.

Erfinden Sie Rituale, die zu Ihren Umständen und Ihrer Persönlichkeit passen. Wenn Sie und ein Freund beispielsweise die Liebe zu Büchern teilen, gründen Sie einen Buchclub für zwei Personen. Wenn Sie Eltern sind, nehmen Sie sich Zeit für gemeinsame Aktivitäten mit Ihren Kindern, die sowohl Freude als auch Verbundenheit schaffen. Das Erstellen von Ritualen fördert nicht nur das Zusammengehörigkeitsgefühl, sondern bringt auch Struktur und Trost in chaotische Zeiten.

Erkennen und feiern Sie kleine Erfolge

Der Aufbau von Verbindungen kann sich, insbesondere in schwierigen Zeiten, wie ein steiler Aufstieg anfühlen. Erkennen Sie die kleinen Schritte an, die Sie unternehmen. Jeder Anruf, jedes Kaffee-Date und jeder Moment der Offenheit ist ein Sieg. Feiern Sie diese Momente als Beweis Ihrer Widerstandsfähigkeit und Ihres Engagements für die Pflege sinnvoller Bindungen.

Umfassen Sie die Gegenseitigkeit

Die Verbindung ist eine Einbahnstraße. Während es wichtig ist, dass andere einen unterstützen, ist es ebenso wichtig, etwas zurückzugeben. Anderen Freundlichkeit zu schenken – auch im kleinen Rahmen – vertieft Beziehungen und erinnert Sie an Ihren eigenen Wert. Den Kämpfen eines Freundes zuzuhören, einem Nachbarn bei einer Aufgabe zu helfen oder einfach für jemand anderen da zu sein, sind Akte der Gegenseitigkeit, die das Fundament der Gemeinschaft stärken.

Die Kraft der Beharrlichkeit

Nicht jeder Verbindungsversuch wird sofort Früchte tragen. Manche Beziehungen brauchen Zeit, um zu wachsen, andere entwickeln sich möglicherweise nicht so, wie Sie es sich erhofft haben. Was zählt, ist Ihre Beharrlichkeit. Nehmen Sie weiterhin Kontakt auf, zeigen Sie sich weiterhin und schaffen Sie weiterhin Gelegenheiten zur Kontaktaufnahme. Die Anstrengung selbst ist ein Beweis für Ihre Widerstandsfähigkeit und Ihren Glauben an die Kraft des Miteinanders.

In den kalten Wintern des Lebens ist die Verbindung ein Licht, das uns vorwärts führt. Es erinnert uns daran, dass wir unsere Herausforderungen zwar individuell meistern, sie aber nicht alleine bewältigen müssen. Indem wir bewusst Verbindungen herstellen und diese durch einfache, aber sinnvolle Maßnahmen pflegen, können wir eine Gemeinschaft aufbauen, die selbst in den schwierigsten Zeiten Kraft, Trost und Hoffnung bietet.

Denken Sie daran, dass Gemeinschaft nicht nur ein Substantiv ist; es ist ein Verb. Es ist der Akt, für andere da zu sein und ihnen zu erlauben, sich für einen zu zeigen. Es ist der fortlaufende Prozess der Pflege von Beziehungen, auch wenn sich das Leben kalt anfühlt.

Im Winter kuscheln wir uns nicht nur wegen der körperlichen Wärme zusammen, sondern auch wegen der Wärme des Wissens, dass wir gesehen, geschätzt und geliebt werden. Gemeinschaft in schwierigen Zeiten erinnert uns an unsere gemeinsame Menschlichkeit, eine Bindung, die über individuelle Kämpfe hinausgeht. Die Kälte mag unvermeidlich sein, aber sie muss uns nicht definieren. Gemeinsam entzünden wir Feuer der Hoffnung, Verbundenheit und Widerstandsfähigkeit – ein Beweis dafür, dass kein Winter zu hart ist, wenn Herzen verbunden sind.

KAPITEL 8

Kreativität im Winter geboren

Der Winter ist eine Jahreszeit, die uns dazu auffordert, innezuhalten, uns in die Stille hineinzulehnen und die Stille zu genießen. Unter der Oberfläche der gefrorenen Erde warten die Samen geduldig auf die Wärme des Frühlings. Ebenso kann der Winter die Kreativität auf eine Weise fördern, die in schnelleren, geschäftigeren Jahreszeiten nicht möglich ist. Wenn die Welt langsamer wird, wenn Ablenkungen verschwinden und wenn wir uns in uns selbst zurückziehen, schaffen wir Raum für die Inspiration, Wurzeln zu schlagen. In diesem Kapitel werden wir untersuchen, wie die Stille des Winters zu einem starken Katalysator für Kreativität wird und wie das Basteln in diesen dunklen Monaten sowohl ein Akt des Überlebens als auch eine Quelle tiefer Freude sein kann.

Wie Stille Inspiration fördert

Stille wird in einer Welt, in der Geschäftigkeit verherrlicht wird, oft unterschätzt. Wir leben in einer Gesellschaft, in der Produktivität und Handeln mit Wert gleichgesetzt werden und wenig Raum für stille Kontemplation lässt. Doch gerade in Momenten der Stille entsteht die größte Wahrscheinlichkeit, dass Kreativität entsteht. Der Winter mit seinem langsamen Tempo und seiner gedämpften Energie bietet eine natürliche Leinwand für diese Selbstbeobachtung.

Stille ist nicht die Abwesenheit von Handlung; es ist die Anwesenheit von Aufmerksamkeit. Die erzwungene Pause des Winters lädt uns ein, uns nach innen zu wenden und dem Flüstern von Ideen zu lauschen, die sonst vielleicht ungehört bleiben würden. Ohne die Ablenkung durch endlose To-Do-Listen und soziale Verpflichtungen haben wir die Möglichkeit, uns intensiv mit unserer inneren Welt auseinanderzusetzen.

Die Kraft der Stille und Reflexion

Stille ermöglicht es uns, vom Lärm des Alltags Abstand zu nehmen und uns auf unsere inneren Welten einzustimmen. Ohne die ständige Flut äußerer Anforderungen ist unser Geist frei, umzuschweifen, uns etwas vorzustellen und zu erforschen. Dies ist kein müßiges Umherschweifen, sondern ein gezieltes Treiben – eines, das uns zu unerwarteten Einsichten und Ideen führt.

Bedenken Sie, wie Schnee die Erde bedeckt, Geräusche dämpft und scharfe Kanten weicher macht. Diese Beruhigung der Außenwelt spiegelt wider, was im Winter im Inneren geschieht. In der Stille können wir das leise Flüstern der Inspiration hören, das sonst vielleicht untergehen würde. Es ist ein Raum, in dem unsere Gedanken zur Ruhe kommen und die Samen der Kreativität Wurzeln schlagen können.

Die Rolle der emotionalen Verarbeitung

Die Stille im Winter schafft auch eine Umgebung, die die emotionale Verarbeitung begünstigt, die oft die Quelle der Kreativität ist. Die ergreifendsten Momente des Lebens – sowohl freudige als auch schmerzhafte – sind Rohmaterial für kreativen Ausdruck. In der Stille des Winters haben wir die Zeit und den Raum, uns mit unseren Gefühlen auseinanderzusetzen, sie zu verstehen und sie in etwas Greifbares umzuwandeln.

Ein Maler könnte Gefühle der Isolation in eine karge, aber wunderschöne Landschaft kanalisieren. Ein Schriftsteller könnte Momente der Selbstbeobachtung in Poesie übersetzen. Bei diesen kreativen Handlungen geht es nicht nur darum, etwas zu produzieren; Es geht darum, unsere inneren Welten zu verstehen und Kunst als eine Form der Katharsis und Verbindung zu nutzen.

Eine neue Perspektive auf die Zeit

Der langsamere Rhythmus des Winters bietet die Chance, unser Verhältnis zur Zeit zu überdenken. Anstatt von Aufgabe zu Aufgabe zu hetzen, können wir uns den Luxus des Verweilens gönnen. Dieser erweiterte Fokus ist besonders vorteilhaft für kreative Beschäftigungen, die oft Geduld und Ausdauer erfordern.

Wenn wir langsamer fahren, bemerken wir Details, die wir vielleicht übersehen hätten – das Lichtspiel auf einem mattierten Fenster, die komplizierten Eismuster auf einem Teich. Diese kleinen Beobachtungen können den Anstoß für große Ideen geben und uns daran erinnern, dass Inspiration oft im Gewöhnlichen liegt und darauf wartet, entdeckt zu werden.

Die Schnittstelle von Stille und Imagination

Stille regt auch die Fantasie an, indem sie ein leeres Blatt für unseren Geist schafft. Ohne das Durcheinander ständiger Stimulation können unsere Gedanken frei schweifen. Diese geistige Freiheit ist für die Kreativität von entscheidender Bedeutung, da sie es uns ermöglicht, Verbindungen zwischen scheinbar unzusammenhängenden Ideen herzustellen, uns neue Möglichkeiten auszudenken und uns Welten vorzustellen, die noch nicht existieren.

Kinder zum Beispiel sind Meister dieser Art des fantasievollen Spiels, und der Winter fördert oft ihre Kreativität. Ein schneebedeckter Garten wird zur Leinwand für Abenteuer; Ein ruhiger Nachmittag drinnen wird zur Bühne des Geschichtenerzählens. Auch Erwachsene können sich dieses Gefühl des Staunens zunutze machen und die Stille als Sprungbrett für Innovation und Entdeckung nutzen.

Basteln durch die dunklen Monate

Während Stille den Funken für Kreativität liefert, verwandelt das Basteln im Winter diesen Funken in eine spürbare Flamme. Der Akt des Herstellens – sei es mit unseren Händen, unserem Verstand oder unserem Herzen – ist sowohl eine Reaktion auf die Herausforderungen des Winters als auch eine Hommage an seine Schönheit. Es vermittelt ein Gefühl von Sinnhaftigkeit und Freude und verwandelt die langen, dunklen Monate in eine Zeit der Schöpfung. Beim Basteln in diesen dunklen Monaten geht es nicht nur darum, etwas herzustellen; Es geht darum, sich auf den Prozess selbst einzulassen und im Akt des Schaffens Trost und Zufriedenheit zu finden.

Die heilende Kraft des Machens

Basteln ist von Natur aus ein therapeutischer Akt. Es hat etwas zutiefst Befriedigendes, Rohstoffe – sei es Garn, Farbe oder Teig – zu nehmen und sie zu etwas Neuem zu formen. Im Winter, wenn Kälte und Dunkelheit einsam wirken können, bietet das Basteln eine Möglichkeit, sich wieder mit uns selbst zu verbinden und ein Gefühl der Kontrolle zurückzugewinnen.

Der Prozess selbst kann meditativ sein. Das Stricken eines Schals erfordert beispielsweise sich wiederholende Bewegungen, die den Geist beruhigen. Beim Malen können wir uns in Farbe und Textur verlieren, während das Backen alle Sinne anspricht. Diese Aktivitäten erzeugen einen Zustand des Flusses, in dem die Sorgen verschwinden und wir vollständig in den gegenwärtigen Moment eintauchen. Diese Aktivitäten ermöglichen es uns, uns im Rhythmus der Arbeit zu verlieren und einen Zustand des Flusses zu schaffen, in dem die Zeit stillzustehen scheint. In diesen Momenten empfinden wir nicht nur Freude, sondern auch ein tiefes Gefühl der Verbundenheit mit uns selbst und der Welt um uns herum.

Kreativität mit anderen teilen

Basteln bietet auch eine einzigartige Gelegenheit, mit anderen in Kontakt zu treten. Gemeinschaftsprojekte wie Quiltbienen, Familienbacken oder Gruppenkunstkurse machen Kreativität zu einem Gemeinschaftserlebnis. Diese Zusammenkünfte werden zu einer Möglichkeit, nicht nur Fähigkeiten, sondern auch Geschichten, Lachen und Unterstützung auszutauschen. Diese Gemeinschaftsprojekte werden zu mehr als nur einem Hobby; Es sind Rituale, die Beziehungen stärken. Gespräche verlaufen leichter, wenn die Hände beschäftigt sind, und das gemeinsame Ziel, ein Projekt abzuschließen, fördert die Zusammenarbeit und Kameradschaft.

Sogar Einzelhandwerke können auf sinnvolle Weise geteilt werden. Ein handgefertigtes Geschenk trägt die Liebe und den Einsatz seines Schöpfers in sich. Eine selbstgekochte Mahlzeit mit Freunden wird zu einem Moment der Wärme und Dankbarkeit. Durch diese Handlungen verwandelt sich das Basteln von einer einsamen Beschäftigung in eine Brücke, die uns mit denen verbindet, die uns am Herzen liegen.

Freude in der Unvollkommenheit finden

Einer der schönsten Aspekte des Handwerks ist die Akzeptanz der Unvollkommenheit. Im Gegensatz zu den polierten Bildern, die wir oft in den Medien sehen, sind handgefertigte Kreationen persönlich und einzigartig und oft von den Macken und Fehlern ihrer Schöpfer geprägt.

Diese Akzeptanz der Unvollkommenheit ist im Winter besonders stark ausgeprägt, einer Jahreszeit, die voller Herausforderungen sein kann. Ein leicht unebener Schal oder eine Ladung Kekse, die nicht perfekt aufgegangen sind, haben dennoch einen enormen Wert, weil sie mit Sorgfalt hergestellt wurden.

Uns zu erlauben, unvollkommen zu schaffen, ist ein Akt des Selbstmitgefühls. Es erinnert uns daran, dass es bei Kreativität nicht darum geht, einen idealen Standard zu erreichen, sondern darum, uns ehrlich und authentisch auszudrücken. In den dunklen Wintermonaten wird diese Freiheit zum Experimentieren und Fehlermachen zu einer Quelle des Lichts und der Freude.

Saisonale Inspiration

Der Winter selbst ist eine Muse der Kreativität. Es bietet endlose Inspiration zum Basteln. Seine gedämpfte Palette aus Weiß-, Grau- und sanften Blautönen kann in Gemälden widergespiegelt oder in Textilien eingewebt werden. Seine Texturen – weicher Schnee, raue Rinde, glitzerndes Eis – bieten Ideen für alles, von der Skulptur bis zur Fotografie.

Basteln kann auch eine Möglichkeit sein, auf die Anforderungen des Winters zu reagieren. Eine während eines Schneesturms gestrickte kuschelige Decke wird zum Symbol für Wärme und Widerstandsfähigkeit. Ein Glas hausgemachte Marmelade, eingelegt aus der Fülle des Sommers, wird zur Erinnerung daran, dass der Kreislauf der Jahreszeiten weitergeht. Durch diese Taten beschäftigen wir uns mit dem Winter, nicht als etwas, das wir ertragen, sondern als etwas, das wir feiern können.

Die Freude an saisonalen Traditionen

Das Basteln im Winter ist oft mit saisonalen Traditionen verknüpft, was dem Prozess eine zusätzliche Bedeutung verleiht. Ein Zuhause für die Feiertage zu dekorieren, Geschenke für geliebte Menschen zu machen oder sogar ein besonderes Essen zuzubereiten sind alles Formen des kreativen Ausdrucks, die Bindungen stärken und bleibende Erinnerungen schaffen.

Diese Traditionen verankern uns in der Gegenwart und verbinden uns gleichzeitig mit der Vergangenheit und Zukunft. Ein Kind, das zum Beispiel lernt, mit seinen Großeltern Kekse zu backen, könnte diese Tradition eines Tages an seine eigene Familie weitergeben. Auf diese Weise wird das Basteln im Winter zu einer Brücke zwischen den Generationen und trägt ein Erbe der Kreativität und Liebe weiter.

Im Grunde geht es bei der im Winter geborenen Kreativität nicht um das Endergebnis. Es geht um den Prozess – darum, im Akt des Schaffens Sinn und Freude zu finden, unabhängig vom Ergebnis. Der Winter ermutigt uns, langsamer zu werden, die Momente der Schöpfung zu genießen und darauf zu vertrauen, dass wir auch in den dunkelsten Zeiten die Fähigkeit haben, etwas Schönes zu schaffen.

Ob Sie schreiben, basteln, kochen oder einfach nur träumen, der Winter bietet eine einzigartige Gelegenheit, Ihren kreativen Geist zu fördern. Es erinnert uns daran, dass Kreativität nicht auf sonnige Tage und entspannte Zeiten beschränkt ist; es gedeiht in der Stille, der Stille und sogar in den Kämpfen des Lebens. Indem wir diese Wahrheit annehmen, entdecken wir, dass der Winter keine Jahreszeit zum Ausharren, sondern eine Jahreszeit zum Erkunden ist – eine Zeit, in der Inspiration in der Kälte Wurzeln schlägt und darauf wartet, zu etwas Außergewöhnlichem zu erblühen.

KAPITEL 9

Licht in der Dunkelheit finden

Der Winter ist sowohl im wörtlichen als auch im metaphorischen Sinne eine Jahreszeit starker Kontraste. Es ist eine Zeit längerer Nächte, kälterer Tage und ruhigerer Momente. Aber selbst in seinen dunkelsten Abschnitten verspricht der Winter Licht. Wir finden es im Flackern einer Kerze, in der Wärme eines Feuers und in der stetigen Rückkehr der Sonne. Über das Physische hinaus befasst sich dieses Kapitel mit dem inneren Licht, das wir in den Wintern des Lebens kultivieren können – der Dankbarkeit, die uns inmitten der Not trägt, und der Hoffnung, die uns voranbringt, selbst wenn alles still zu sein scheint.

Licht in der Dunkelheit zu finden bedeutet nicht, die Herausforderungen des Winters zu leugnen, sondern sie anzuerkennen und gleichzeitig nach den Schimmern von Schönheit und Bedeutung zu suchen, die neben ihnen existieren. Es ist ein Akt der Widerstandsfähigkeit, eine Erklärung, dass wir auch in der Not etwas finden können, an dem es sich zu halten lohnt.

Dankbarkeit inmitten von Widrigkeiten

Dankbarkeit in schwierigen Zeiten ist ein Paradoxon: Es fühlt sich unnatürlich an, Segen zu zählen, wenn das Leben unfruchtbar erscheint, doch gerade in diesen Momenten wird Dankbarkeit zu unserer größten Lebensader. Es verlagert unseren Fokus von dem, was abwesend ist, auf das, was bleibt, und hilft uns, Widrigkeiten aus einer ausgewogeneren Perspektive zu meistern. Bei Dankbarkeit geht es nicht darum, den Schmerz zu ignorieren oder so zu tun, als gäbe es keine Schwierigkeiten – es geht darum, die kleinen Nischen der Schönheit und des Trostes zu finden, die uns durch den Sturm tragen.

Die Wissenschaft der Dankbarkeit in schwierigen Zeiten

Die transformative Kraft der Dankbarkeit ist mehr als nur eine Anekdote; es hat seine Wurzeln in der Wissenschaft. Studien zeigen, dass die Kultivierung von Dankbarkeit Stress reduzieren, die geistige Gesundheit verbessern und sogar das körperliche Wohlbefinden verbessern kann. In herausfordernden Zeiten verdrahtet diese Praxis unser Gehirn neu, um sich auf das Positive zu konzentrieren, wie klein es auch sein mag. Es geht nicht darum, die Not zu leugnen, sondern darum, anzuerkennen, dass es neben der Dunkelheit auch Licht gibt.

Stellen Sie sich vor, Sie stehen vor dem eisigen Griff des Winters, in dem sich die Tage trostlos und endlos anfühlen. Ein einfacher Akt der Wahrnehmung der Wärme einer weichen Decke oder des Duftes einer beruhigenden Mahlzeit kann ein Gefühl der Wertschätzung auslösen. Auch wenn diese Momente unbedeutend erscheinen, erinnern sie uns daran, dass die Güte des Lebens bestehen bleibt, auch wenn es von Not überschattet wird. Diese kleinen Momente verankern uns und erinnern uns daran, dass das Licht auch in den dunkelsten Jahreszeiten bestehen bleibt.

Die Praxis der täglichen Dankbarkeit

Dankbarkeit ist mehr als ein flüchtiges Gefühl; Es ist eine bewusste Praxis, die Beständigkeit erfordert. Ein Dankbarkeitstagebuch ist auf diesem Weg ein wirkungsvolles Hilfsmittel. Das Aufschreiben von drei Dingen, für die Sie jeden Tag dankbar sind – sei es das Lachen eines geliebten Menschen, ein wunderschöner Sonnenuntergang oder die Widerstandskraft, die Sie bei der Bewältigung einer Herausforderung gezeigt haben – kann Ihnen dabei helfen, sich in der Gegenwart zu verankern. Mit der Zeit trainiert diese Gewohnheit Ihren Geist, das Positive zu suchen und zu feiern, und schafft so eine Grundlage für Optimismus, auch angesichts von Widrigkeiten.

Anderen gegenüber Dankbarkeit auszudrücken ist eine weitere tiefgreifende Praxis. Ein herzliches Dankeschön an einen Freund, ein Familienmitglied oder sogar einen Fremden kann Ihre Beziehungen vertiefen und einen positiven Welleneffekt hervorrufen. Wenn Dankbarkeit geteilt wird, verstärkt sie ihre Wirkung und stärkt die Bindungen, die uns durch schwierige Zeiten tragen.

Dankbarkeit im Gewöhnlichen finden

Einer der transformativsten Aspekte der Dankbarkeit ist ihre Fähigkeit, Schönheit im Alltäglichen zu finden. Das Leben ist voller einfacher Freuden, die oft unbemerkt bleiben – der gleichmäßige Rhythmus eines vertrauten Liedes, die Art und Weise, wie das Licht auf mattierten Fenstern tanzt, oder der erste Schluck heißen Tee an einem kalten Morgen. Das sind keine großen Gesten, sondern Momente stiller Freude, die uns tragen.

Der Winter ist mit seiner reduzierten Einfachheit eine Jahreszeit, die uns dazu ermutigt, diese Details wahrzunehmen. Indem wir uns auf das Vorhandene und nicht auf das Fehlende konzentrieren, können wir auch in Zeiten der Knappheit ein Gefühl des Überflusses entwickeln. Dankbarkeit lässt Widrigkeiten nicht verschwinden, aber sie bietet eine neue Linse, durch die wir unsere Umstände betrachten können – eine Linse, die Widerstandskraft, Schönheit und Stärke offenbart.

Hoffnung im tiefsten Winter entdecken

Wenn Dankbarkeit uns in der Gegenwart verankert, treibt uns die Hoffnung in die Zukunft. Es ist die Überzeugung, dass, egal wie dunkel oder schwierig die Jahreszeit ist, hellere Tage bevorstehen. Hoffnung ist kein passiver Wunsch, sondern eine aktive Entscheidung, auf die Möglichkeit von Erneuerung und Wachstum zu vertrauen. Hoffnung ist die Brücke zwischen der Dunkelheit des Winters und dem Licht des Frühlings. Man ist davon überzeugt, dass die aktuelle Saison, egal wie schwierig sie auch sein mag, nicht ewig dauern wird. Mitten im Winter wird Hoffnung – sowohl im wörtlichen als auch im metaphorischen Sinne – zum Funken, der uns vorantreibt.

Hoffnung als Akt des Trotzes

Angesichts von Widrigkeiten zu hoffen, ist ein Akt des Mutes. Es ist eine Erklärung, dass wir trotz der Herausforderungen, vor denen wir stehen, an die Möglichkeit besserer Tage glauben. Hoffnung löscht die Not nicht aus, aber sie gibt uns die Kraft, sie zu ertragen.

Der Winter kann mit seiner Kälte und Dunkelheit überwältigend sein, verspricht aber auch den Frühling. Der Zyklus der Jahreszeiten lehrt uns, dass kein Winter ewig dauert. Indem wir diesen natürlichen Rhythmus annehmen, lernen wir, auf die Unvermeidlichkeit von Veränderung und Wachstum zu vertrauen. Mitten im Winter kann Hoffnung viele Formen annehmen. Vielleicht liegt es an der Erwartung längerer Tage und wärmerem Wetter. Es könnte das Wissen sein, dass selbst die kargsten Bäume eines Tages wieder blühen werden. Oder es könnte der Glaube an unsere eigene Fähigkeit sein, schwierige Zeiten durchzuhalten und zu wachsen.

Im Winter Symbole der Hoffnung finden

Die Natur bietet unzählige Erinnerungen an Widerstandsfähigkeit und Erneuerung, selbst in den rauesten Jahreszeiten. Die immergrünen Bäume, die hoch im Schnee stehen, sind Symbole der Ausdauer. Die längeren Tage nach der Wintersonnenwende sind ein stilles Versprechen, dass das Licht zurückkehren wird. Diese natürlichen Marker spenden Trost und Sicherheit und ermutigen uns, an der Hoffnung festzuhalten, auch wenn die Welt still und still ist.

Selbst die kleinsten Lebenszeichen – ein zwitschernder Vogel an einem frostigen Morgen, die erste Knospe an einem kahlen Baum – erinnern daran, dass das Leben auch unter rauen Bedingungen weitergeht. Diese Symbole der Hoffnung sind nicht nur äußerlich; Sie schwingen in uns mit und inspirieren uns, unsere eigenen Quellen der Stärke und Erneuerung zu finden.

Hoffnung durch Handeln kultivieren

Während Hoffnung oft als emotionaler Zustand angesehen wird, ist sie auch etwas, das wir aktiv pflegen können. Eine der effektivsten Möglichkeiten, Hoffnung zu fördern, besteht darin, sich kleine, erreichbare Ziele zu setzen. Im tiefsten Winter könnte das bedeuten, dass man sich auf einfache, tägliche Aufgaben konzentriert, die Sinn und Dynamik vermitteln. Das Abschließen dieser kleinen Schritte schafft ein Erfolgserlebnis und erinnert uns an unsere Fähigkeit, auch in schwierigen Zeiten voranzukommen.

Freundliche Taten sind eine weitere wirkungsvolle Möglichkeit, Hoffnung zu fördern. Anderen zu helfen – sei es durch die Unterstützung eines Freundes, durch ehrenamtliches Engagement in der Gemeinschaft oder einfach durch das Teilen eines Lächelns – schafft ein Gefühl der Verbundenheit und Positivität. Diese Maßnahmen bestärken die Vorstellung, dass wir auch in schwierigen Zeiten zum Wohlergehen anderer beitragen können, was wiederum unsere eigene Stimmung hebt.

Die Kraft des Geschichtenerzählens

Geschichten haben die einzigartige Fähigkeit, Hoffnung zu wecken. Wenn wir von anderen lesen, die Widrigkeiten überwunden haben, werden wir daran erinnert, dass Resilienz auch unter den schwierigsten Umständen möglich ist. Das Teilen unserer eigenen Geschichten, sei es durch Schreiben, Konversation oder kreativen Ausdruck, hilft uns, unsere Erfahrungen zu verarbeiten und mit anderen in Kontakt zu treten.

Winter selbst ist ein Geschichtenerzähler, der eine Erzählung von Ausdauer, Transformation und schließlich Erneuerung webt. Indem wir uns die Lektionen anhören und unsere eigenen weitergeben, schaffen wir einen Teppich der Hoffnung, der uns durch die Winter des Lebens trägt.

Das Zusammenspiel von Dunkelheit und Licht macht den Winter so tiefgründig. Es lehrt uns, dass beides notwendig ist – dass wir ohne die Dunkelheit das Licht nicht vollständig schätzen können. Dankbarkeit und Hoffnung sind die Werkzeuge, die uns helfen, dieses Gleichgewicht zu finden und uns durch die Schatten und zu helleren Tagen zu führen.

Dankbarkeit und Hoffnung sind keine isolierten Konzepte; sie sind tief miteinander verbunden. Dankbarkeit verwurzelt uns in der Gegenwart und hilft uns, Licht in dem zu finden, was ist, während Hoffnung uns in die Zukunft weist und uns zu dem führt, was sein könnte. Zusammen bilden sie einen leistungsstarken Rahmen für die Bewältigung der Winter des Lebens und ermöglichen es uns, die Kälte zu ertragen und gleichzeitig an der Verheißung des Frühlings festzuhalten.

Indem wir inmitten von Widrigkeiten Dankbarkeit kultivieren und mitten im Winter Hoffnung entdecken, verwandeln wir diese herausfordernde Jahreszeit in eine Zeit der Widerstandsfähigkeit und des Wachstums. Wir lernen, dass auch in den dunkelsten Zeiten Licht existiert – in uns, um uns herum und vor uns. Und wenn wir dieses Licht annehmen, werden wir stärker, weiser und verbundener mit den Zyklen des Lebens.

KAPITEL 10

Das Tauwetter

Der Winter mit seinen langen Nächten und stiller Selbstbeobachtung weicht schließlich dem Tauwetter. Der Schnee schmilzt, der Boden wird weicher und die Luft summt vor Erneuerung. Das ist der natürliche Rhythmus des Lebens – Zeiten der Stille verwandeln sich in Zeiten des Wachstums. Aber das Tauwetter ist nicht einfach eine Rückkehr zur Bewegung; Es ist eine Gelegenheit, gestärkt, weiser und besser auf die Lehren der Kälte einzugehen.

In diesem Kapitel wird untersucht, wie man sich nach der tiefen Besinnung auf den Winter auf die Erneuerung des Frühlings vorbereitet. Es geht der Frage nach, wie wir die in den schwierigsten Zeiten des Lebens gewonnenen Erkenntnisse würdigen und weitertragen können, um sicherzustellen, dass sie unsere Zukunft auf sinnvolle Weise gestalten. Der Frühling mag ein Symbol für Neuanfänge sein, doch sein Fundament basiert oft auf der Widerstandskraft, die im Winter trainiert wird.

Vorbereitung auf die Erneuerung im Frühling

Während die Welt vom Winter zum Erwachen des Frühlings übergeht, erleben auch wir einen Wandel. Der Wechsel vom Winter zum Frühling ist nicht nur eine Änderung des Wetters; Es ist eine Transformation, die uns einlädt, aus der Stille ins Wachstum zu gelangen. Nach der Selbstbeobachtung des Winters geht es bei der Vorbereitung auf die Erneuerung im Frühling darum, bewusste Entscheidungen zu treffen, um die Voraussetzungen für neue

Möglichkeiten, neue Perspektiven und persönliches Gedeihen zu schaffen. Diese Vorbereitung erfordert es, Raum für das Wesentliche zu schaffen, sinnvolle Absichten zu formulieren und sich wieder mit der Lebendigkeit des Lebens zu verbinden.

Raum für Wachstum schaffen

Wachstum gedeiht in einem Raum, der frei von Unordnung ist – sowohl physisch als auch emotional. Der Winter hinterlässt oft Spuren der Schwere, wie ungelöste Gefühle oder unproduktive Gewohnheiten, die unserem Wohlbefinden nicht mehr dienen. Bevor wir die Möglichkeiten des Frühlings nutzen, müssen wir zunächst diese Lasten loslassen.

Dieser Akt der Raumfreimachung kann sowohl symbolischer als auch praktischer Natur sein. Das physische Aufräumen Ihrer Umgebung – ein Neuanfang in Ihrem Wohnraum – kann den Prozess des Abbaus von mentalem oder emotionalem Gewicht widerspiegeln. Stellen Sie sich vor, Sie räumen eine Schublade aus oder ordnen ein Regal neu. Da jedes unnötige Element entfernt wird, schaffen Sie Platz für das Neue und Sinnvolle. Ebenso befreit das Loslassen von emotionalem Ballast – seien es Selbstzweifel, Schuldgefühle oder anhaltender Groll – Ihren Geist, um sich auf positives Wachstum zu konzentrieren. Techniken wie das Führen eines Tagebuchs oder sogar eine kleine symbolische Handlung wie das Aufschreiben und Zerreißen eines nicht hilfreichen Glaubenssatzes können transformativ sein.

Bei diesem Prozess der Befreiung geht es nicht darum, die Vergangenheit auszulöschen, sondern sie zu würdigen, indem man anerkennt, was seinen Zweck erfüllt hat, und Raum für Gegenwart und Zukunft schafft. Es ist ein Akt der Selbstfürsorge und Erneuerung, der Raum für die Entstehung neuer Möglichkeiten und Perspektiven schafft.

Absichten für die kommende Saison festlegen

Beim Tauwetter geht es nicht nur um das Auftauchen; es geht um Absicht. Absichten sind wie Samen – sie bestimmen, was in dem fruchtbaren Raum, den Sie gerodet haben, wachsen wird. Die Ankunft des Frühlings bietet eine einzigartige Gelegenheit zu definieren, was Sie in Ihrem Leben fördern möchten. Diese Absichten, ob groß oder klein, dienen als Leitprinzipien für Ihren Umgang mit der Welt in dieser Zeit der Erneuerung.

Beginnen Sie damit, über Ihre Prioritäten und Ziele nachzudenken. Was haben Sie in der Stille des Winters gelernt? Vielleicht haben Sie den Wert eines langsameren Tempos, einer tieferen Verbindung zu Ihren Lieben oder der Notwendigkeit, sich auf Ihr Wohlbefinden zu konzentrieren, erkannt. Übersetzen Sie diese Erkenntnisse in umsetzbare Absichten. Wenn Ihnen der Winter beispielsweise gezeigt hat, wie wichtig Selbstfürsorge ist, planen Sie wöchentlich Momente der Ruhe oder Freude ein. Wenn Sie eine Sehnsucht nach Kreativität entdeckt haben, nehmen Sie sich Zeit, um ein neues Hobby zu entdecken oder eine alte Leidenschaft wieder aufleben zu lassen.

Das Aufschreiben Ihrer Absichten ist ein kraftvoller Schritt. Sie in greifbarer Form zu sehen – sei es in einem Tagebuch, auf Haftnotizen oder einem Vision Board – stärkt Ihr Engagement und dient als Erinnerung daran, konzentriert zu bleiben. Absichten sorgen auch für Klarheit und helfen Ihnen, Entscheidungen zu treffen, die Ihren Werten und Bestrebungen entsprechen, während Sie in die Energie des Frühlings eintreten. Sie sorgen für Konzentration und Zielsetzung und stellen sicher, dass die Energie, die wir in den Frühling bringen, mit den Lektionen übereinstimmt, die wir im Winter gelernt haben.

Sich wieder mit der Welt verbinden

Während der Winter oft zu Einsamkeit und Selbstbeobachtung anregt, lädt uns der Frühling dazu ein, mit neuer Energie in die Welt hinauszugehen. Die Wiederverbindung ist für die Erneuerung unerlässlich – sie erinnert uns daran, dass Wachstum nicht nur eine individuelle, sondern auch eine kollektive Reise ist.

Diese Wiederverbindung kann viele Formen annehmen. Dabei kann es sich um die Kontaktaufnahme mit geliebten Menschen nach einer Zeit der Isolation handeln, um die Vertiefung von Beziehungen durch Erfahrungsaustausch oder um einfach Zeit im Freien zu verbringen, um die Energie der wechselnden Jahreszeit zu spüren. Auch die Teilnahme an Gemeinschaftsaktivitäten oder die Erkundung neuer sozialer Möglichkeiten kann das Gefühl von Vitalität und Zugehörigkeit fördern.

Darüber hinaus kann die Wiederverbindung mit der Natur im Frühling zutiefst erdend sein. Ein einfacher Spaziergang in einem blühenden Park oder die Zeit, die wir mit der Pflege eines Gartens verbringen, erinnern uns an die Zyklen des Lebens und die Schönheit der Transformation. Diese Interaktion mit der Welt hilft uns, die Dynamik des Frühlings zu nutzen und gleichzeitig in der Gegenwart verwurzelt zu bleiben. Wenn die Erde zum Leben erwacht, erwachen auch wir zum Leben und finden Freude an gemeinsamen Erfahrungen und kollektiver Erneuerung.

Die Lektionen des Winters weitertragen

Der Winter ist eine Jahreszeit, die man nicht vergessen sollte, wenn die ersten Blumen blühen. Es ist eine Zeit, die einen unauslöschlichen Eindruck davon hinterlässt, wer wir sind. Die Lehren des Winters sind von unschätzbarem Wert. In den ruhigen, ruhigen Monaten konfrontieren wir uns oft mit unseren tiefsten Wahrheiten, bauen Widerstandskraft auf und entwickeln ein tiefes Verständnis für uns selbst. Im Laufe der Saison ist es wichtig, diese Erkenntnisse nicht außer Acht zu lassen. Wenn wir die Lektionen des Winters weitertragen, können wir ihre Weisheit in die Chancen und Herausforderungen des Frühlings integrieren.

Resilienz als Grundlage

Die Herausforderungen des Winters stellen unsere Widerstandsfähigkeit auf die Probe und lehren uns, uns anzupassen, durchzuhalten und in Widrigkeiten Kraft zu finden. Ganz gleich, ob es darum ging, Ungewissheit zu meistern, sich Ängsten zu stellen oder Phasen des Unbehagens zu ertragen – die im Winter aufgebaute Widerstandskraft wird zu einem Eckpfeiler für zukünftiges Wachstum.

Nutzen Sie diese innere Stärke, wenn sich der Frühling entfaltet. Bei Resilienz geht es nicht nur darum, schwierige Zeiten zu überstehen, sondern auch darum, sie erfolgreich zu meistern. Erinnern Sie sich an Momente, in denen Sie im Winter Standhaftigkeit bewiesen haben – kleine Siege, wie z. B. durch schwierige Situationen hoffnungsvoll zu bleiben oder trotz Hindernissen Selbstdisziplin zu bewahren. Nutzen Sie diese als Erinnerung daran, dass Sie in der Lage sind, sich dem zu stellen, was vor Ihnen liegt.

Im Frühling wird Resilienz zum Mut, Risiken einzugehen, Veränderungen anzunehmen und Ihre Ziele entschlossen zu verfolgen. Vertrauen Sie auf Ihre Fähigkeit, Herausforderungen mit der gleichen Stärke zu meistern, die Sie durch den Winter getragen hat. Um diese Widerstandsfähigkeit voranzutreiben, müssen wir auf unsere Fähigkeit vertrauen, mit Unsicherheit umzugehen. Es geht darum zu erkennen, dass die gleiche Standhaftigkeit, die uns durch den Winter getragen hat, uns auch im Frühling und darüber hinaus gute Dienste leisten wird.

Den Wert der Stille würdigen

Der Frühling ruft uns zwar zum Handeln auf, aber es ist wichtig, die im Winter gepflegte Stille nicht aufzugeben. Die ruhigen Momente des Nachdenkens und der Ruhe ermöglichen es uns, klar und zielstrebig voranzukommen.

Um diese Lektion weiterzuführen, müssen wir ein Gleichgewicht finden und das Bedürfnis nach Ruhe auch im Wachstum respektieren.

Integrieren Sie Momente der Stille in Ihre Frühlingsroutine. Dies kann so einfach sein wie eine Pause, um einen Sonnenaufgang zu beobachten, ein paar Minuten mit achtsamem Atmen oder die Aufrechterhaltung einer Tagebuchpraxis. Diese Momente der Ruhe helfen Ihnen, mit sich selbst in Kontakt zu bleiben und einem Burnout vorzubeugen, während Sie die Hektik der Saison bewältigen. Sie erinnern auch daran, dass Fortschritt oft in der Stille beginnt.

Wachstum mit Anmut annehmen

Der Frühling ist eine Zeit des schnellen Wandels, aber das Wachstum verläuft selten linear. Es wird Momente der Aufregung und des Schwungs geben, aber auch Momente der Unsicherheit oder der Überforderung. Die Lektionen des Winters weiterzutragen bedeutet, dieses Wachstum mit Anstand anzugehen und zu akzeptieren, dass es in Ordnung ist, zu stolpern, wenn wir in einer neuen Saison Fuß fassen.

Betrachten Sie jeden Schritt vorwärts – auch den kleinen – als Triumph. Die Widerstandskraft, die Sie im Winter entwickelt haben, kann Ihnen helfen, auf dem Boden zu bleiben, während die Stille, die Sie angenommen haben, Klarheit schaffen kann, wenn Sie mit Rückschlägen konfrontiert sind. So wie Pflanzen nicht über Nacht blühen, entfaltet sich unser persönliches Wachstum in seiner eigenen Zeit. Seien Sie geduldig mit sich selbst, während Sie diesen Übergang meistern, und vertrauen Sie darauf, dass die Arbeit, die Sie im Winter geleistet haben, den Grundstein für eine blühende Zukunft legt.

Die Weisheit des Winters teilen

Eine der wirkungsvollsten Möglichkeiten, die Lektionen des Winters voranzutreiben, besteht darin, sie mit anderen zu teilen. Die in schwierigen Zeiten gewonnenen Erkenntnisse können den Menschen um uns herum als Orientierungs- und Inspirationsquelle dienen. Ob durch Gespräche, Schreiben oder kreativen Ausdruck – das Teilen Ihrer Reise trägt dazu bei, ihre Wirkung zu festigen und gleichzeitig einen Welleneffekt der Widerstandsfähigkeit und Erneuerung zu erzeugen.

Vielleicht geben Sie jemandem Ratschläge, der seine eigenen Herausforderungen bewältigt, oder schreiben über die Erkenntnisse, die Sie während Ihrer Selbstbeobachtung gewonnen haben. Wenn Sie Ihre Geschichte teilen, stärken Sie nicht nur Ihre eigenen Erkenntnisse, sondern verbreiten auch Hoffnung und Widerstandskraft in Ihrer Gemeinschaft.

Das Tauwetter ist mehr als nur ein Übergang; Es ist eine Feier der Lebenszyklen. Es erinnert uns daran, dass die Strapazen des Winters nicht das Ende sind – sie sind ein notwendiger Teil der Reise und bereiten uns auf das Wachstum und die Erneuerung des Frühlings vor.

Wenn wir aus der Kälte herauskommen, tun wir dies mit einem tieferen Verständnis für uns selbst und die Welt um uns herum. Die Lehren des Winters – Belastbarkeit, Dankbarkeit und der Wert der Stille – werden zu unserem Leitfaden und bestimmen, wie wir die Wärme und die Möglichkeiten der kommenden Jahreszeiten annehmen.

Das Tauwetter ist eine Zeit des Wandels, eine Erinnerung daran, dass auch nach den dunkelsten Wintern immer die Aussicht auf den Frühling besteht. Und mit jedem Schritt ins Licht tragen wir die Weisheit und Kraft mit uns, die in der Kälte geschmiedet wurden und bereit sind, neu zu erblühen.

Reflexionen und Praktiken

Wenn wir am Ende dieser Reise durch die Überwinterung angelangt sind, lasst uns vom Nachdenken zum Handeln übergehen. Wie können wir die Lehren des Winters in unser tägliches Leben integrieren, auch wenn die Jahreszeiten wechseln? Durch bewusste Praktiken und reflektierendes Tagebuchschreiben können wir lernen, die Winter des Lebens zu würdigen und sie mit Neugier und Anmut zu meistern. Diese Werkzeuge geben uns nicht nur Halt in schwierigen Zeiten, sondern stärken auch unsere Fähigkeit, zu jeder Jahreszeit Sinn und Wachstum zu finden.

Journaling-Eingabeaufforderungen für die Winter des Lebens

Tagebuch führen ist eine wirksame Möglichkeit, Emotionen zu verarbeiten, Erkenntnisse zu gewinnen und die Widerstandsfähigkeit in den schwierigeren Zeiten des Lebens zu stärken. Der Winter lädt uns mit seiner stillen Selbstbeobachtung dazu ein, langsamer zu werden und den Stift zu Papier zu bringen, sodass wir tiefer in unsere inneren Welten eintauchen können. Hier sind Anregungen, die Sie durch die Winter des Lebens führen und Ihnen Klarheit und Trost bieten sollen.

1. Die Dunkelheit erkunden

Was spüren Sie gerade am intensivsten?

....

....

....

....

....

....

Wie können Sie diese Emotionen ohne Urteil würdigen?

....

....

....

....

....

....

*Welche Ängste oder Unsicherheiten sind in dieser Phase Ihres Lebens
aufgetaucht?*

....

....

....

....

....

....

Wo haben Sie sich der Stille widersetzt, und was könnte sie offenbaren, wenn Sie sie annehmen würden?

....

....

....

....

....

....

Diese Praxis fördert Ehrlichkeit und Selbstmitgefühl. Wenn wir die dunkleren Momente anerkennen, können wir Licht auf sie werfen und ihren Einfluss auf uns verringern.

2. Lehren aus der Not ziehen

Was lehrt Sie diese Saison über sich selbst?

....

....

....

....

....

....

Gibt es Muster oder Überzeugungen, die Sie loslassen müssen, um voranzukommen?

....

....

....

....

....

....

Wie sind Sie durch die vergangenen Winter in Ihrem Leben stärker geworden?

....

....

....

....

....

Indem wir über vergangene Erfahrungen nachdenken, können wir Kraft und Weisheit schöpfen und die zyklische Natur von Not und Wachstum erkennen.

3. Schönheit in der Kälte finden

Welche kleinen Freuden oder Lichtmomente haben Ihnen in dieser Zeit Trost gebracht?

....

....

....

....

....

....

Wofür sind Sie trotz der Herausforderungen dankbar?

....

....

....

....

....

....

Wie können Sie in Ihrer aktuellen Situation Schönheit schaffen oder fördern?

....

....

....

....

....

....

Dankbarkeit und Schönheit sind starke Gegenmittel gegen
Verzweiflung. Sie beseitigen die Schwierigkeiten nicht, sondern
erinnern uns an das Licht, das neben der Dunkelheit existiert.

4. Erneuerungsabsichten festlegen

Welche Samen möchten Sie jetzt für den kommenden Frühling säen?

....

....

....

....

....

....

*Wie können Sie diese Zeit nutzen, um sich auf den nächsten
Lebensabschnitt vorzubereiten?*

....

....

....

....

....

....

*Welche Verpflichtungen können Sie sich selbst gegenüber eingehen,
um Ihr Wohlbefinden und Ihr Wachstum zu würdigen?*

....

....

....

....

....

....

Der Winter ist eine Zeit der Planung und der Festlegung von
Absichten. Diese Anregungen regen zu zukunftsweisenden
Überlegungen an, die Hoffnung und Achtsamkeit in Einklang
bringen.

Praktische Übungen zum achtsamen Überwintern

Achtsame Übungen ermöglichen es uns, uns auch in turbulenten Zeiten in der Gegenwart zu verankern. Diese Übungen bieten Möglichkeiten, uns mit unserem inneren Selbst und der Welt um uns herum zu verbinden und Ruhe und Belastbarkeit zu fördern.

1. Erstellen Sie ein tägliches Stille-Ritual

Widmen Sie jeden Tag 10–15 Minuten der bewussten Stille. Dies kann bedeuten, dass Sie meditieren, ruhig bei einer Tasse Tee sitzen oder einfach nur Ihren Atem beobachten. Konzentrieren Sie sich in diesen Momenten darauf, äußere Ablenkungen loszulassen und sich auf Ihre innere Stimme einzustimmen.

Praxistipp: Beginnen Sie mit einer Frage: „Was brauchen Sie in diesem Moment am meisten?" Lassen Sie Ihren Gedanken und Gefühlen freien Lauf, ohne zu urteilen.

2. Nehmen Sie an Erdungsaktivitäten teil

Erdungstechniken helfen uns, uns wieder mit unserem Körper und dem gegenwärtigen Moment zu verbinden, was besonders in Zeiten von Stress oder Überforderung hilfreich sein kann.

Praxistipp: Probieren Sie eine sensorische Erdungsübung aus:

Schauen Sie: Identifizieren Sie fünf Dinge, die Sie sehen können.

Berühren: Spüren Sie vier Dinge um sich herum.

Hören: Hören Sie auf drei verschiedene Geräusche.

Geruch: Nehmen Sie zwei Düfte in Ihrer Umgebung wahr.

Geschmack: Genießen Sie eine Sache, auch wenn es ein Schluck Wasser ist.

Diese Praxis zieht Sie zurück ins „Jetzt" und vermittelt ein Gefühl der Ruhe inmitten des Chaos.

3. Führen Sie ein Dankbarkeitstagebuch

Schreiben Sie jeden Abend drei Dinge auf, für die Sie dankbar sind. Es müssen keine großen Gesten sein – oft sind es die kleinen, ruhigen Momente, die die größte Bedeutung haben.

Praxistipp: Konzentrieren Sie sich auf bestimmte Details: die Wärme des Sonnenlichts, das durch ein Fenster scheint, ein freundliches Wort von einem Freund oder die einfache Freude an Ihrem Lieblingsessen.

Dankbarkeit verändert unsere Perspektive und hilft uns, das Licht zu sehen, auch wenn sich das Leben schwer anfühlt.

4. Üben Sie bewusste Ruhe

Ruhe ist keine Faulheit – sie ist ein wesentlicher Bestandteil der Widerstandsfähigkeit. Erlauben Sie sich, langsamer zu werden und neue Energie zu tanken.

Praxistipp: Planen Sie „Ruhetage" ein, an denen Sie Aktivitäten priorisieren, die Ihre Seele nähren, wie zum Beispiel Lesen, ein langes Bad nehmen oder Zeit in der Natur verbringen.

Indem wir Ruhe wertschätzen, folgen wir dem Ruf des Winters, neue Energie zu tanken und uns auf das vorzubereiten, was vor uns liegt.

5. Erstellen Sie ein Winter Vision Board

Visualisieren Sie, was Sie in dieser Lebensphase kultivieren möchten, indem Sie ein Vision Board erstellen. Verwenden Sie Zeitschriftenausschnitte, Zeichnungen oder schriftliche Bestätigungen, um Ihre Absichten darzustellen.

Praxistipp: Konzentrieren Sie sich sowohl auf interne als auch externe Ziele, wie zum Beispiel „Frieden in der Stille finden" oder „wieder Kontakt zu geliebten Menschen aufnehmen". Hängen Sie die Tafel an einer gut sichtbaren Stelle auf, um Sie in schwierigen Zeiten an Ihr Ziel zu erinnern.

6. Schreiben Sie einen Brief an Ihr zukünftiges Ich

Nehmen Sie sich die Zeit, einen mitfühlenden Brief an Ihr zukünftiges Ich zu schreiben, in dem Sie die Stärke anerkennen, die Sie jetzt aufbauen, und ihm Mut für den weiteren Weg machen.

Praxistipp: Versiegeln Sie den Brief und erinnern Sie ihn daran, ihn in sechs Monaten oder einem Jahr zu lesen und darüber nachzudenken, wie weit Sie gekommen sind.

Reflexionen und Praktiken sind die Brücke zwischen Verstehen und Handeln. Sie ermöglichen es uns, die Lektionen des Winters in unser tägliches Leben zu integrieren und Not in Wachstum und Stille in Inspiration zu verwandeln. Lassen Sie diese Werkzeuge auf Ihrer Reise durch die Winter des Lebens Ihre Begleiter sein – eine Möglichkeit, mutig durch die Kälte zu navigieren, Licht in der Dunkelheit zu finden und sich auf die Erneuerung vorzubereiten, die immer folgt.

Der Winter ist nicht nur eine Jahreszeit zum Aushalten, sondern eine Einladung zum Entdecken. Durch achtsame Übungen und bewusste Reflexion können wir seine Gaben entdecken und nicht nur gestärkt daraus hervorgehen, sondern auch tiefer mit uns selbst und den Zyklen des Lebens verbunden sein.

Abschluss

Wintergeschenke

Der Winter gilt seit langem als Metapher für die Herausforderungen des Lebens – eine Zeit der Dunkelheit, Stille und Unbehagen. Doch wie wir in diesem Buch immer wieder herausgefunden haben, ist es auch eine Jahreszeit voller Geschenke, die uns die Möglichkeit bietet, zu wachsen, zu heilen und uns zu verändern, wie es keine andere Jahreszeit kann. Wenn wir unsere Perspektive ändern und schwere Zeiten als Chancen umdeuten, wird der Winter weniger zu einem Gegner und mehr zu einem weisen Lehrer. Es erinnert uns daran, dass die Lebenszyklen, egal wie schwierig sie sind, für unsere Entwicklung von entscheidender Bedeutung sind.

Schwierige Zeiten als Chancen neu definieren

Schwere Zeiten kommen oft ungebeten und bringen Unbehagen, Unsicherheit und Schmerz mit sich. Doch in ihrem Schatten liegt das Potenzial für tiefgreifendes Wachstum. Indem wir die Herausforderungen des Lebens als Chancen umgestalten, verändern wir die Art und Weise, wie wir sie erleben und mit ihnen umgehen. Anstatt Not als unüberwindbare Barriere zu betrachten, können wir uns dafür entscheiden, sie als Tor zur Selbstfindung, Widerstandsfähigkeit und Transformation zu betrachten. Der Winter lehrt uns die Kraft, langsamer zu werden und die Ablenkungen des Lebens loszuwerden, um uns mit unseren inneren Landschaften auseinanderzusetzen. In der Stille finden wir Klarheit. In der Kälte entdecken wir unsere Widerstandskraft. Ohne äußere Geschäftigkeit entdecken wir, worauf es wirklich ankommt.

Die Kraft der Perspektive

Unsere Perspektive prägt unsere Realität. Wenn wir auf Schwierigkeiten stoßen, ist die instinktive Reaktion oft Widerstand oder Verzweiflung. Aber was wäre, wenn wir diese Momente als Lehrer und nicht als Peiniger betrachten würden? Eine Neuausrichtung negiert nicht den Schmerz der Not, verlagert aber den Fokus von „Warum passiert mir das?" zu „Was kann ich daraus lernen?"

Nehmen wir zum Beispiel eine Zeit beruflicher Unsicherheit. Anstatt sich von der Angst vor dem Scheitern verzehren zu lassen, fragen Sie sich vielleicht: Welche Türen könnten sich dadurch öffnen? Wie kann ich diese Zeit nutzen, um meine Leidenschaften zu entdecken oder meine Fähigkeiten zu verbessern? Bei einem Rückschlag geht es weniger um Verlust als vielmehr um Umleitung. Jede Herausforderung trägt den Samen des Wachstums in sich – wenn wir bereit sind, danach zu suchen.

Reframing ermöglicht es uns auch, Dankbarkeit auch in Widrigkeiten zu üben. Wenn wir beispielsweise mit finanziellen Schwierigkeiten konfrontiert sind, erkennen wir möglicherweise die Chance zur Vereinfachung und zur Neubewertung dessen, was wirklich wichtig ist. In Momenten der Einsamkeit können wir lernen, unsere eigene Gesellschaft zu schätzen und uns wieder mit unserer inneren Stimme zu verbinden. Obwohl Herausforderungen schmerzhaft sind, können sie Wahrheiten über unser Leben ans Licht bringen, die sonst vielleicht verborgen bleiben würden.

Stärke durch Kampf entdecken

Not offenbart oft Stärken, von denen wir nicht wussten, dass wir sie besitzen. Angesichts von Widrigkeiten sind wir aufgerufen, tief zu graben und auf Reserven an Mut und Widerstandskraft zurückzugreifen, die in einfacheren Zeiten schlummern. Betrachten Sie das Beispiel des Verlusts – er kann uns zwar erschüttern, lehrt uns aber auch, wie tief unsere Fähigkeit zu lieben, zu heilen und zu ertragen ist.

Wenn wir Schwierigkeiten neu formulieren, beginnen wir, sie als einen Prozess zu sehen, bei dem wir etwas Neues in uns selbst schaffen. So wie Metall durch Feuer gestärkt wird, werden auch wir durch die Herausforderungen des Lebens gestärkt. Die Stärke, die wir in diesen Momenten aufbauen, hilft uns nicht nur, diese besondere Prüfung zu überstehen; Es versetzt uns in die Lage, zukünftigen Nöten mit größerem Selbstvertrauen und Anmut zu begegnen.

Bedeutung in der Not aufbauen

Eines der tiefgreifendsten Ergebnisse der Neuformulierung von Schwierigkeiten ist die Fähigkeit, aus schwierigen Erfahrungen einen Sinn zu schaffen. Die schmerzhaftesten Momente des Lebens haben oft das Potenzial, unser Einfühlungsvermögen zu vertiefen, zu freundlichen Taten anzuregen oder uns zu motivieren, uns für Veränderungen einzusetzen. Eine Gesundheitskrise kann dazu führen, dass sich jemand mit anderen verbindet, die mit ähnlichen Problemen zu kämpfen haben, und so ein Gefühl der Zielstrebigkeit und der Gemeinschaft fördert. Ein persönlicher Misserfolg kann dazu führen, dass Sie sich zu Wachstum und Selbstverbesserung verpflichten.

Wenn wir schwere Zeiten als Chancen betrachten, hören wir auf, sie als bloße Unterbrechungen eines glücklichen Lebens zu betrachten, und beginnen, sie als integralen Bestandteil der Reise selbst zu erkennen. Jede Schwierigkeit wird zu einem Kapitel in unserer Geschichte – zu einem Kapitel, das uns lehrt, uns formt und uns letztendlich dazu befähigt, mit größerer Absicht zu leben.

Die Lebenszyklen mit Resilienz umarmen

Das Leben ist, wie die Jahreszeiten, zyklisch. Es wird immer Winter geben – Momente des Kampfes, des Verlusts oder der Unsicherheit. Aber diese Winter sind nicht endlos. Sie sind Teil eines größeren Rhythmus, der Erneuerung, Wachstum und Freude umfasst. Diese Zyklen mit Belastbarkeit zu meistern, ist nicht nur eine Überlebensstrategie – es ist eine Möglichkeit, inmitten des sich ständig ändernden Lebensrhythmus zu gedeihen.

Die Notwendigkeit von Zyklen verstehen

Der Winter könnte mit seiner Stille und Knappheit wie ein unwillkommener Gast inmitten der lebhafteren Jahreszeiten des Lebens erscheinen. Aber es erfüllt einen wesentlichen Zweck. In der Natur ist der Winter eine Zeit der Ruhe und Erholung und bereitet die Erde auf den Lebensausbruch im Frühling vor. Ebenso sind die Winter des Lebens – unsere Zeiten der Not oder Stagnation – entscheidend für unser persönliches Wachstum.

Indem wir diese periodische Natur akzeptieren, geben wir die Erwartung auf, dass das Leben immer einfach oder vorhersehbar sein sollte. Wir lernen, jede Phase für das zu schätzen, was sie bietet. Die Energie des Frühlings ist berauschend, aber ohne die stille Vorbereitung des Winters wäre dies nicht möglich. Resilienz entsteht durch das Verständnis, dass jeder Teil des Zyklus seinen Platz hat, und durch das Vertrauen, dass keine Jahreszeit ewig dauert.

Aufbau von Resilienz durch Widrigkeiten

Bei Resilienz geht es nicht darum, Schwierigkeiten zu vermeiden; Es geht darum, es mit Kraft und Anmut zu meistern. Die Winter des

Lebens stellen uns auf eine Weise auf die Probe, die wir vielleicht nicht erwartet hätten, aber sie bieten uns auch die Möglichkeit, die Werkzeuge zu entwickeln, die wir brauchen, um durchzuhalten.

Betrachten Sie die Belastbarkeit als einen Muskel – er wird durch den Einsatz stärker. Jede Herausforderung, vor der wir stehen, ob groß oder klein, stärkt unsere Fähigkeit, zukünftige Schwierigkeiten zu bewältigen. Der Schlüssel liegt darin, diese Momente nicht mit Widerstand, sondern mit Neugier anzugehen: Was kann ich lernen? Wie kann ich wachsen? Belastbarkeit bedeutet nicht, dass wir keinen Schmerz oder Kampf verspüren, aber sie gibt uns die Zuversicht, zu wissen, dass wir durchhalten können.

Resilienz zu üben bedeutet auch, uns bei Bedarf Ruhe zu gönnen. So wie Bäume im Winter ihre Energie sparen, müssen auch wir erkennen, wann es Zeit ist, langsamer zu werden, nachzudenken und unsere Ressourcen wieder aufzufüllen. Bei Resilienz geht es nicht nur um Handeln; es geht um das Gleichgewicht.

Schönheit in jeder Jahreszeit finden

Um die Zyklen des Lebens vollständig zu erfassen, müssen wir Schönheit in jeder Jahreszeit finden – auch im Winter. Obwohl diese Zeiten eine Herausforderung sein können, bieten sie auch Momente tiefer Stille, Besinnung und Verbundenheit. Eine schwierige Zeit könnte uns dazu veranlassen, tiefere Beziehungen zu suchen, unsere kreative Seite zu fördern oder Trost in den ruhigen Rhythmen der Natur zu finden.

Schönheit zu finden bedeutet nicht, den Schmerz schwerer Zeiten zu ignorieren. Stattdessen geht es darum, Platz für beides zu schaffen. Es ist die Erkenntnis, dass es auch in der Dunkelheit Lichtschimmer gibt – ein beruhigendes Gespräch, ein Moment der Selbstfindung oder der einfache Akt, einen weiteren Tag zu überleben. Diese Momente erinnern uns daran, dass die Winter des Lebens nicht ohne Freude oder Sinn sind.

Die Zyklen des Lebens zu akzeptieren bedeutet, in Harmonie mit ihnen zu leben, anstatt gegen sie zu kämpfen. Diese Harmonie erfordert Flexibilität – die Bereitschaft, sich an die wechselnden Jahreszeiten des Lebens anzupassen und gleichzeitig in unseren Werten und Prioritäten verankert zu bleiben.

Wenn wir akzeptieren, dass die Winter kommen und dass sie einen Zweck erfüllen, befreien wir uns von dem Druck, ständig voranzukommen. Stattdessen können wir uns im Rhythmus des Lebens bewegen und wissen, dass jede Jahreszeit – ob erholsam, herausfordernd oder lebhaft – zu unserem Wachstum beiträgt.

Der Winter ist nicht das Ende des Wachstums, sondern sein Anfang. Es bereitet den Boden für die Samen des Frühlings, fördert die Kreativität in seiner Stille und stärkt uns in seinen Herausforderungen. Die Geschenke des Winters anzunehmen bedeutet, das Leben selbst anzunehmen – eine Reise voller Zyklen, Kontraste und unendlicher Möglichkeiten.

Mögen Sie im Wechsel der Jahreszeiten den Mut finden, jede Phase Ihres Lebens mit offenen Armen anzunehmen. Und wenn der Winter zurückkehrt, was unweigerlich der Fall sein wird, mögen Sie ihm nicht mit Angst, sondern mit Hoffnung begegnen, im Wissen, dass er hier ist, um Sie zu lehren, Sie zu verwandeln und Sie an das Licht zu erinnern, das Sie in sich tragen.

Danksagungen

In der Stille des Winters finden wir oft die lautesten Lektionen. Dass dieses Buch zum Leben erweckt wurde, verdanke ich der Weisheit und Belastbarkeit derjenigen, die mir den Winter beigebracht haben, zu tiefstem Dank. Der Winter ist in seiner Stille nicht nur eine Jahreszeit der Kälte und Isolation – er ist ein tiefgründiger Lehrer, der sowohl Geduld als auch Offenheit erfordert. Denen, die mit mir durch ihre eigenen Winter gegangen sind, und den Lektionen, die ich durch ihr Beispiel gelernt habe, bin ich auf ewig dankbar.

Zuallererst danke ich den Lieben, die ihre eigenen Stürme mit stiller Kraft überstanden haben und mir gezeigt haben, dass es selbst in den dunkelsten Jahreszeiten immer etwas zu sammeln gibt. Für meine Familie – Ihre unerschütterliche Liebe und Ihr unausgesprochenes Verständnis waren ein Licht, das mich durch meine persönlichen Winter geführt hat. Sie haben mir gezeigt, dass es nicht die Abwesenheit von Not ist, die uns ausmacht, sondern die Widerstandsfähigkeit, mit der wir ihr begegnen.

Ich möchte auch den Freunden danken, die ihre eigenen Erfahrungen mit dem Überwintern geteilt haben. Jeder von Ihnen hat mir gezeigt, dass Isolation nicht immer eine Entscheidung ist, sondern oft ein Geschenk der Stille, das zu einem tieferen Selbstbewusstsein führt. Ihr Mut, offen über Ihre Kämpfe und Siege zu sprechen, hat mir die Erlaubnis gegeben, meine eigenen zu erforschen. Ich habe gelernt, dass es in Ordnung ist, sich auszuruhen, innezuhalten und mir zu erlauben, angesichts der Not verletzlich zu sein.

Allen, die vor mir kamen, sei es in der Literatur oder im Leben, und deren Geschichten ein stiller Leuchtturm waren, möchte ich meinen Dank aussprechen. Auch Sie haben mir beigebracht, wie man den Winter überwintert – nicht als etwas, das man ertragen muss, sondern als Gelegenheit zum Wachsen. Von Dichtern, die die langen, dunklen Nächte der Seele angenommen haben, bis hin zu Philosophen, die es gewagt haben, die Schönheit im Unglück zu erforschen – Ihre Worte haben die Grundlage dieses Buches geprägt. Du hast mich daran erinnert, dass wir in unseren schwierigsten Momenten unser wahrstes Selbst finden können.

Ich bin auch der Natur selbst zutiefst dankbar. Die Jahreszeiten haben mich gelehrt, dass auf die kältesten und schwierigsten Winter das Versprechen einer Erneuerung folgt. Der Winter hat mir gezeigt, wie ich langsamer werden, tiefer zuhören und den Rhythmus meines Körpers und Geistes respektieren kann. Jeder blattlose Baum, jeder stille Schneefall hat mir von der Kraft der Geduld und der Weisheit der Zyklen zugeflüstert. Die Natur hat in ihrer unendlichen Anmut die tiefgreifendsten Lehren von allen geliefert.

Abschließend möchte ich Ihnen, den Leserinnen und Lesern, meinen herzlichsten Dank aussprechen. Durch Ihre Bereitschaft, mich auf dieser Reise zu begleiten, wird dieses Buch wirklich lebendig. Mögen Sie auf diesen Seiten die Kraft finden, Ihre eigenen Winter zu meistern, den Mut, der Kälte zu trotzen und dort Schönheit zu finden, und die Hoffnung, dass kein Winter, wie hart er auch sein mag, ewig währt.

Wenn wir alle lernen, auf unsere eigene Weise zu überwintern, tun wir dies mit Dankbarkeit, mit Anmut und im Wissen, dass auch wir, genau wie die Natur, zu einer bemerkenswerten Erneuerung fähig sind.

Avis C. Taylor